W0402389

Jakobine Wierz

Große Kunst in Kinderhand

Farben und Formen großer Meister spielerisch mit allen Sinnen erleben

Illustrationen
von
Harry Morrison

Ökotopia Verlag Münster

Impressum

Autorin:
Jakobine Wierz

Illustration Innenteil:
Harry Morrison

Illustration Titel:
Vanessa Paulzen

Satz:
Druckwerkstatt Hafen GmbH, Münster

Druck:
Proost N.V., Turnhout

(c) 2000 by Ökotopia Verlag, Münster
2 3 4 5 6 7 • 06 05 04 03 02 01

Teile dieses Werkes erschienen erstmalig in der Publikation:
Jakobine Wierz, Große Kunst für kleine Leute - Mit allen Sinnen erlebbar gemacht,
Heft 21 aus der Reihe: Kreisel - Themen und Projekte für die Arbeit mit Kindern
ISBN: 3-929394-22-7, Dreieck-Verlag, Wiltingen 1999.

CIP-Titelaufnahme der Deutschen Bibliothek
Wierz, Jakobine:
Große Kunst in Kinderhand: Farben und Formen großer Meister spielerisch mit allen Sinnen erleben /
Jakobine Wierz. Ill. von Harry Morrison. - Münster: *Ökotopia Verl.*, 2000
ISBN 3-931902-56-0

Die Autorin:

Jakobine Wierz lebt in Trier. Sie hat Kunstgeschichte, Bildende Kunst und Katholische Theologie studiert und ist Diplom-Pädagogin. Als Lehrerin arbeitet sie an der Katholischen Fachschule für Sozialwesen in Trier und ist seit vielen Jahren in der Fortbildung für Erzieherinnen und Spielkreisleiterinnen tätig. Darüber hinaus hat sie Lehraufträge an unterschiedlichen Institutionen der Erwachsenenbildung.

Warum dieses Buch zu diesem Thema? ... 6
Kind und Thema • Ziele • Elternarbeit

Gotik ... 9
Mandala • Die erste Begegnung mit einem Mandala • Lege-Mandala • Selbst gestaltete Mandalas • Riesen-Mandala • Spiegel-Mandala • Gruppen-Mandala • Blumen-Mandala • Faden-Mandala

Impressionismus ... 17
Abb.: Claude Monet: Die Kathedarale von Rouen am Morgen ... 18
Angebote zur Verdeutlichung der Wirkung farbigen Lichts ... 19
Rosarote Brille • Bunte Scheinwerfer • Bunter Schuhkarton
Angebote zur Farbmischung - Augenmischung ... 20
Farbige Kreise • Buntes Farbmisch-Fensterbild • Bunte Farbkreisel
Abb.: Claude Monet: Iris ... 22
Abb.: Claude Monet: Mohnfeld bei Argenteuil ... 23
Angebote zur Arbeitsweise der Impressionisten ... 23
Foto-Spaziergang • Plein-air-Malerei • Fantasie-Übung • Blumen-Tupfen-Bilder • Tageszeiten-Spaziergang • Impressionisten-Lied
Abb.: Claude Monet: Blaue Seerosen ... 26
Angebote zu Monets „Seerosen" ... 26
Schwimmende Seerose • Der Tag der Seerose • Froschsprünge
Angebote zu den Themen „Blumen und Garten" ... 28
Seh-Spaziergang • Blumen-Quartett • Duft-Bilder • Duft-Potpourri • Blüten-Collage • Parfumeure
Abb.: Claude Monet: Der Garten Monets in Vétheuil ... 30
Blúmen-Legespiel • Blumen-Memory • Pflanzen-Druck • Pflanzenfrottage • Unser kleiner Blumengarten • Farbstarke Blüten • Blütenkranz • Webteppich mit Pflanzen • Wachsen und erblühen • Kamillenblüten-Salat • Kapuzinerkresse-Salat • Kamillentee • Ringelblumensalbe

Expressionsimus ... 37
Angebote zur Verdeutlichung der Formsprache ... 38
Variationen mit Schablonen
Abb.: Franz Marc: Die großen blauen Pferde ... 40
Kunst-Puzzle
Abb.: Franz Marc: Pferd und Esel ... 41
Geometrisches Stimmungsbild • Form - Klang - Bilder
Angebote zur Verdeutlichung von Gefühl ... 43
Gesprächsrunden: „Gefühle" • Lied von den Gefühlen • Stimmungslandschaft • Tierische stille Post • Stimmungsbild • Pantomime
Angebote zur Verdeutlichung der Farbigkeit ... 46
Kalte und warme Farben • Laute und leise, harte und weiche Farben • Welche Farbe hat der Wind? • Farben und Musik • Farbe - Klang - Bilder
Abb.: Franz Marc: Purpurroter Fuchs ... 48
Bunte Tierbilder • Die Farbe der Stille • „Die Tomate ist rot..." • Das Farben-Misch-Lied • Die Geschichte von der traurigen Prinzessin • Wie die Farben Freunde wurden • Das Ampelspiel

Angebote zur Verdeutlichung der Thematik „Traum" ... 53
Tiger-Traum-Reise • Tier-Traum-Reise • Traumbild
Abb.: Franz Marc: Der Tiger ... 54
Abb.: Franz Marc: Der Traum ... 55
Die Traumbox • Fantasie-Bilderbuch • „Alm-Jause-Suppe"

Gegenstandslose Kunst - abstrakte Malerei ... 57
Abb.: Wassily Kandinsky: Impression III (Konzert) ... 58
Vertiefungsmöglichkeiten zur Hinterglasmalerei Kandinskys ... 59
Hinterglasmalbilder • Hinterglasmal-Dias
Vertiefungsmöglichkeiten zum Thema „Malen und Musik" ... 60
Hör-Bilder • Musikalisches Bild
Abb.: Paul Klee: Narr in Trance ... 62
Angebote zum Thema „Linie" ... 63
Die Reise mit der Zeichenfeder • Ein Filzstift wollt' auf Reisen gehen • Narr in Trance 1 • Narr in Trance 2 • Bilderbuch mit Linie • Monotypie • Ein-Strich-Bild • Drei-Strich-Spielbild • Seil- oder Woll-Legebild
Vertiefung zum Thema Ordnungsform und Elementarform bei Paul Klee ... 68
Rund, eckig, spitz! • Legebilder • Formenbeutel • Ein Miró-Bild zum Ausmalen • Puddingritter und Baumastronaut
Abb.: Joan Miró: Der Karneval der Harlekine ... 72
Vertiefung des fantasiereichen Schaffens von Miró ... 72
Miró-Mobile · Freunde-Malbild · Plastische Miró-Figuren
Angebot zur Elementarform Viereck ... 75
Viereck-Geschichte
Abb.: Piet Mondrian: Bild I ... 76
Viereck-Legebild • Mosaik-Spiel • Papier weben • Bunter Hausgrundriss

Kubismus ... 78
Märchen: Wie Picasso dazu kam, Trümmerbilder zu malen • Lied: Die Kubisten sind Künstler • Lieblingsspeise von Picasso
Abb.: Pablo Picasso: Portrait de Dora Maar ... 82
Erkundung des Bildes Portrait de Dora Maar ... 82
Abb.: Pablo Picasso: Femmes à leur toilette ... 83
Erkundung des Bildes Femmes à leur toilette ... 83
Malangebote zum Thema Blaue und Rosa Periode ... 84
Beobachtungsaufgabe für Eltern und ErzieherInnen
Angebote zu Deformation und Collage ... 85
Kaleidoskop • Mosaikspiegel • Deformiertes Portrait • Phasenverschiebung bei einem Gesicht, das sich dreht • Zweikopfbild • Trümmerbild • Ganzkörpertrümmerbild • Collagebilder • Gesichter verändern • Kubistische Meditation
Angebote zu Gestalten aus geometrischen Figuren ... 89
Suche ein Gesicht • Kopf aus Elementarformen • Phantasiegesicht aus Vierecken und Dreiecken
Formen-Zuordnungsspiel
Literaturliste ... 92

Warum dieses Buch zu diesem Thema?

Kinder und große Maler - passt das zusammen? Können die Kleinen schon die Werke großer Künstler begreifen? Als die Zeitschrift Art News 1955 zum ersten Mal auf dem Titelblatt ein modernes, abstraktes Bild von Hans Hofmann abdruckte, erhielt die Redaktion viele Beschwerdebriefe. Die eigenen Kinder und Enkel, so die wiederholte Klage, malten genauso gut wie der vermeintliche Künstler dieses Bildes. Der Chefredakteur antwortete auf die Kritik mit einer Gratulation an all die talentierten Kinder und Enkel und wünschte allen weiterhin viel Erfolg!

Kindliche Kunstinterpretation

„Wenn jemand ein Kunstwerk ansieht, kann er immer nur mit seinen Augen, mit seinem Hirn, mit seinem bisherigen Leben hinschauen." (Seitz, Rudolf: Kinder und Kunst, in: Löscher, Wolfgang (Hrsg.): Vom Sinn der Sinne, Don Bosco Verlag, München 1994.) Dies äußerte der große Surrealist Mac Zimmermann als man ihm Malereien von Kindern zeigte, die nach der Betrachtung eines seiner Kunstwerke entstanden waren. Seiner Meinung nach waren diese Bilder kindliche Dokumente von Seherlebnissen. Ihn begeisterten die kindliche Auseinandersetzung mit der Kunst, die Intensität, Reduktion und konsequente Stellungnahme der Bilder. Diese waren viel näher an dem von ihm Gemeinten, als manche intellektuellen Interpretationen.

Inspiration durch Kinder

Für viele bedeutende Kunstrepräsentanten unseres Jahrhunderts waren Kinderzeichnungen „die Inspiration" für das eigene künstlerische Schaffen.

Die Künstlerin Gabriele Münter, die mit Wassily Kandinsky befreundet war, hat sich immer wieder durch Kinderzeichnungen inspirieren lassen, sich an kindlichen Vorlagen orientiert, sie sogar des öfteren kopiert und in eigene Werke integriert. Zusammen mit Kandinsky hat sie vermutlich eine der umfangreichsten Sammlungen von Kinderzeichnungen angelegt.

Alexey von Jawlensky erhoffte durch die Beobachtung seines malenden Sohnes für sich das Genie, das ihm nach seiner eigenen Selbsteinschätzung fehlte.

Für Paul Klee war die Entdeckung seiner eigenen Kinderzeichnungen ein entscheidendes Erlebnis für sein späteres Wirken. So äußerte er sich zur Bedeutung der kindlichen Kreativität für die zeitgenössische Kunst. Klee führt aus, dass es Uranfänge der Kunst gibt wie man sie daheim in der Kinderstube findet.

„Die Kinder können's auch"

Das ist kein vernichtendes Urteil für unsere Kunst, sondern es steckt viel Wahrheit in diesem Satz. Je einfacher die kreativen Äußerungen von

Kindern sind, desto lehrreichere Kunst bietet sie für uns, denn diese Kunst ist von Gedanken noch nicht überladen.
Miro und Picasso äußern sich in ähnlicher Form. Auch sie sehen in künstlerischer, kindlicher Betrachtungsweise und Tätigkeit eine wichtige Basis eigener Kreativität.

Kinder haben noch Muße
Ein Bild zu betrachten heißt sich Zeit zu nehmen, zu warten, zu beobachten und ein Kunstwerk „kommen zu lassen". „Umberto Eco berichtet, er gehe in ein Museum, um sich dort in ein einziges Bild zu vertiefen. Nach einer halben Stunde gehe er dann wieder, um den gewonnen Eindruck nicht zu verwischen. Eco ist damit ein ganz und gar außergewöhnlicher Museumsbesucher. Die meisten Einzelbesucher unternehmen den Versuch einer Gesamtbesichtigung" (Kunst und Unterricht 218, Dezember 1997).

Erwachsene haben inmitten der Reizüberflutung verlernt vor einem Bild zu verweilen und nur zu betrachten. Kinder hingegen erleben ein einzelnes Bild in gebannter Faszination. Da kann Erlebtes zu Gesprächen, zu gestischen Darstellungen, zu schöpferischem Gestalten und zu Überlegungen führen. Auch der umgekehrte Weg ist denkbar: eigenes Erleben, Erfahrungen oder Gestaltetes als Grundlage für das Verständnis von Kunst.

Ziele

Es gibt viele Wege, Kinder und große Kunst zusammenzuführen. In diesem Buch wird eine Vielzahl solcher Möglichkeiten, anhand unterschiedlicher Epochen, aufgezeigt.

Wir wollen

☞ Kinder zu einem ganzheitlichen Kunstverständnis hinführen,

☞ Scheu und Schwellenangst vor Kunstgeschichte, Galerien, Museen und Künstlern nehmen,

☞ Kindern über das vertiefte Kunsterlebnis einen Zugang zur Welt der Erwachsenen ermöglichen,

☞ Verständnis für Kunstwerke wecken,

☞ Fantasie und Kreativität durch die Betrachtung und Verinnerlichung eines Gemäldes fördern,

☞ über das Erleben von Bildinhalten soziales und emotionales Verhalten bei Kindern fördern,

☞ Kinder zu ästhetischem Empfinden und Genuss hinführen,

☞ die Sinne im Betrachten, bildnerischen Gestalten und im Spiel schulen.

Eltern auf den Spuren der hundert Sprachen ihrer Kinder

Die Überschrift lässt erahnen, welchen Inhalt die Elternarbeit zum Thema „Große Kunst in Kinderhand - Farben und Formen großer Meister spielerisch mit allen Sinnen erleben" haben kann: Um den Versuch in der betrachtenden Auseinandersetzung mit einem Kunstwerk, sei es Bild, Plastik oder Architektur, kindliche Fantasie und Kreativität, aber auch kinderleichte kreative Techniken und Möglichkeiten kennen zu lernen. Durch sie erobern sich Kinder unbewusst in der täglichen Praxis malend, gestaltend und spielend Kunstwerke.

Bei der Elternarbeit ist es von Bedeutung, dass auch die Eltern mit offenen Sinnen und emotionaler Anwesenheit dem Ziel folgen, mit ihren Kindern in einer gemeinsamen Kunstbetrachtung, das Kind in sich selbst wieder zu entdecken.

Es geht darum, über eigene künstlerische Selbsterfahrungen eine Ahnung über den ganzheitlichen Prozess von Wahrnehmung - Erleben - Gestalten zu bekommen, der Kindern eigen ist und deren bildnerische Ausdruckskraft ausmacht.

Am Beispiel der Gotik soll dies aufgezeigt werden.

Hier empfiehlt sich der gemeinsame Besuch mit Kindern einer gotischen Kirche (zum Beispiel des Kölner Dom) und eine kurze kunstgeschichtliche Einführung. Dadurch kann der Bogen zur kreativen Arbeit in der Praxis geschlagen werden.

Gotik

Wenn man sich romanische Kirchen (zum Beispiel Maria Laach) im Vergleich zu gotischen Kirchen ansieht, wirken romanische Kirchen wie eine befestigte, schwere, wehrhafte, abweisende und schützende Burg. Dies

Trierer Dom (Romanik)

wird durch die dicken und geschlossenen Mauern deutlich. In den Mauern gibt es nur wenige kleine Fensteröffnungen. Die Kirchen der Romanik demonstrieren Macht, Schutz und Abwehr von Feinden. Sie unterscheiden dadurch Gut und Böse und symbolisieren den Himmel als jüngstes Gericht.

Zu Beginn der Gotik hat sich die Vorstellung von der geistigen Kirche vom Himmel geändert. Sie entspricht nun dem Himmel als verlorengegangenes Paradies. Entsprechend erfährt der Kirchenbau eine neue Deutung und Ausformung. Die Mauern lösen sich auf und werden mit farbigem Glas transparent und lichtdurchlässig. Leuchtendes farbiges Licht durchflutet den Kirchenraum und schafft faszinierende Stimmungen.

Eine besondere Rolle nimmt hier die an der Westfassade romanischer und gotischer Kirchen sich befindende Rosette ein. Die Rosette ist ein Rundbogenfenster, auch Fensterrose genannt. Sie veranschaulicht die Sehnsucht des Menschen nach der Mitte. Zeichen, Figuren, Dreiecke, Vierecke, Kreise und Blumen sind um eine Mitte angeordnet - vergleichbar einem Mandala.

Diese Parallele des Rundbogenfensters zum Mandala kann der Anlass für ein ganzheitliches Erleben des gotischen Rosettenfensters von Kindern (und Eltern) sein.

Kölner Dom (Gotik)

Mandala

Mandalas zu malen ist eine kreative Meditationstechnik. Mit Hilfe von Stille, Ruhe und Musik soll über das Ausmalen oder das Selbstgestalten von Mandalas zur eigenen Mitte gefunden werden. Solche Mandala-Gestaltungen eignen sich für die Arbeit mit Eltern und Kindern deshalb besonders gut, weil es weder ein Gut noch ein Schlecht, weder ein Richtig noch ein Falsch gibt. Bei der Gestaltung von Mandalas können die Eltern nicht mehr auf ihre erwachsenen Sehschemata zurückgreifen. Das bedeutet, dass in diesem Moment Kinder und Eltern als gleichberechtigte Künstler nebeneinander stehen.

Die erste Begegnung mit einem Mandala

Material:

Buntstifte,
meditative Musik,
Mandala-Kopie

Damit Eltern und Kinder Mandalas kennen lernen können, empfiehlt es sich, sie zuerst mit fertigen Mandalas wie denen der beiden vorhergehenden Seiten zu konfrontieren.

Die Aufgabe von Eltern und Kindern besteht in der farbigen Ausgestaltung der Vorlagen nach einem eigenen Ordnungsschema. Die farbige Ausgestaltung erfolgt mit musikalischer Unterstützung.

Lege-Mandala

Material:

Moosgummi oder feste Pappe
in rot, blau und gelb,
Schere

Schneiden Sie folgende Teile aus Moosgummi oder Pappe zu:

→ Je 24 grüne, gelbe und rote gleichschenklige Dreiecke von jeweils 5 cm Seitenlänge

→ Je 12 grüne, gelbe und rote Quadrate von 5 x 5 cm

→ Je 4 Sechsecke in rot, grün und gelb von jeweils 5 cm Seitenlänge

Daraus lassen sich viele unterschiedliche Mandalas legen.

TIPP

Die zur Herstellung von Mandalas wünschenswerte Stimmung kann durch den Einsatz ätherischer Öle gefördert werden.

Selbst gestaltete Mandalas

Kinder gestalten Mandalas für die Eltern
Eltern gestalten Mandalas für die Kinder

Material:

Pappe, Zirkel, Papier, Bleistift, Buntstifte oder Wachsmalstifte, Schere, Teppichschneider, Musik

Und so geht's:
Mit Hilfe eines Zirkels lassen sich auf einfache Art und Weise auf Kreisen beruhende Mandalas herstellen. Wenn Sie weitere geometrische Formen berücksichtigen wollen wie zum Beispiel das Viereck, das Dreieck oder das Sechseck, benötigen Sie Schablonen. Diese können als positive oder negative Schablonen erarbeitet werden.

Positive Schablone:
Mit einer Schere werden aus Pappe geometrische Formen in verschiedenen Größen ausgeschnitten. Diese Form ist die Schablone.

Negative Schablone:
Mit einem Teppichschneider werden aus Pappe geometrische Formen in verschiedenen Größen ausgeschnitten. Die in der Pappe zurückbleibende Leerform ist eine negative Schablone.

Unter Zuhilfenahme der erstellten Schablonen und des Zirkels entstehen mit musikalischer Untermalung um eine Mitte angeordnete symmetrische Muster.

Diese mit einfachsten Mitteln selbst hergestellten Mandalas können jetzt zwischen den Kindern und den Eltern ausgetauscht und ausgemalt werden.

Ein Mandalabuch gestalten

Alle selbstgestalteten noch nicht ausgemalten Mandalas von Eltern und Kindern werden für alle kopiert, gelocht und mit einem Wollfaden zu einem kleinen Buch gebunden.

Riesen-Mandala

Material:

weiße Wand oder mit Papier bedeckte Wand, Dia von einem Mandala, Diaprojektor, Bleistift, Deckmalfarben

Projizieren Sie ein als Dia aufgenommenes Mandala mit dem Projektor an die Wand.

Übertragen Sie die Umrisse mit Bleistift aufs Papier.

Schalten Sie den Diaprojektor aus und lassen Sie die Kinder nun dieses Riesen-Mandala gemeinsam neu ausmalen.

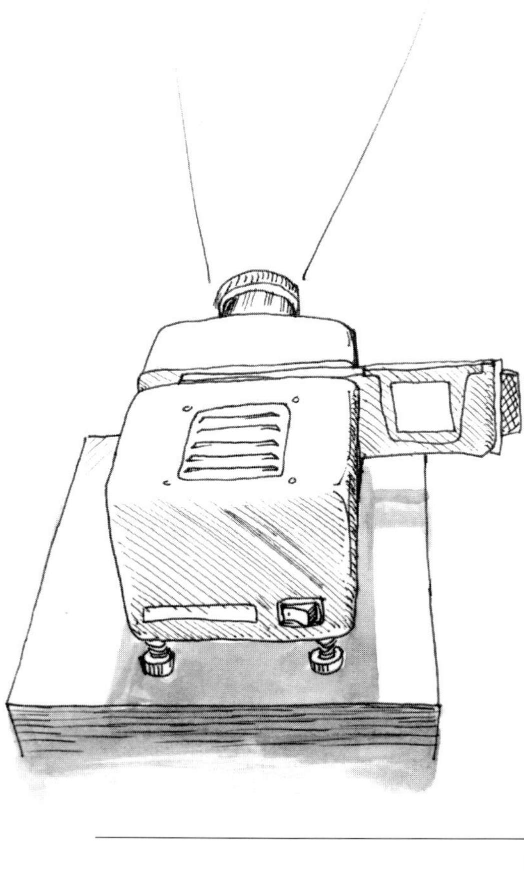

Spiegel-Mandala

Material:

Papier, Bleistift

Eltern und Kinder erstellen nur ein Viertel eines Mandalas. Dieses Viertel wird malerisch zu einem ganzen Mandala gespiegelt.

Gruppen-Mandala

Material:

große Pappe, Bleistift, Deckmalfarben, Musik

Die Entstehung eines Gruppen-Mandalas lässt sich schön in eine Geschichte einkleiden:

Stellt Euch vor, ihr sitzt an einem Teich. Plötzlich fängt es an zu regnen.

Ihr beobachtet wie Regentropfen in den See fallen und Kreise ziehen.

Jeder aus der Gruppe ist ein Regentropfen (Jeder setzt einen Punkt auf das Papier.).

Ihr fallt in den See und zieht eure Kreise. Sie werden größer und größer (Jeder zieht mehrere Kreise um seinen Punkt. Irgendwann begegnen die Kreise sich und überschneiden sich gegenseitig.).

Hinter einer dicken Wolke erscheint die Sonne wieder. Ein Regenbogen entsteht.

Versucht nun, euer Gruppen-Mandala bunt auszumalen.

Blumen-Mandala

Dies ist eine sehr schöne Arbeit, die Sie auch gut gemeinsam mit Kindern und Eltern durchführen können. Allerdings bedarf es etwas Zeit vor der eigentlichen Gestaltung des Mandalas, weil Sie, die Kinder und die Eltern erst einmal einen ausgedehnten Spaziergang über eine blühende Wiese unternehmen. Aber das macht ja auch Spaß! Ziel ist das Sammeln von den unterschiedlichsten Blüten, Blättern und Gräsern, unterschiedlich in Größe, Farbe und Form.

Mit den Blüten und Blättern gestalten dann - wieder zurück in der Einrichtung - alle gemeinsam einen kreissymmetrischen Blütenteppich - ein Blumen-Mandala.

Das kann je nach Jahreszeit natürlich vollkommen anders aussehen. Im Herbst wäre so zum Beispiel ein in warmen Erdtönen nur aus Blättern bestehendes wunderschönes Herbstmandala möglich.

Die Blätter müssen Sie auf einen großen - am besten weißen - Karton kleben.

Faden-Mandala

Material:

Holzbrett (Dicke 2 cm),
Hammer, Nägel,
bunte Fäden, Bleistift
große Kreisschablone aus Pappe

Mit Hilfe der Kreisschablone wird ein Kreisumriß mit Bleistift auf das Holz übertragen.
Schlagen Sie in regelmäßigen Abständen die Nägel in den Umriss des Kreises. Anschließend weben die Kinder entlang der Nägel und über Kreuz mit bunten Fäden ein Faden-Mandala. Dabei kommen die unterschiedlichsten Muster zustande.

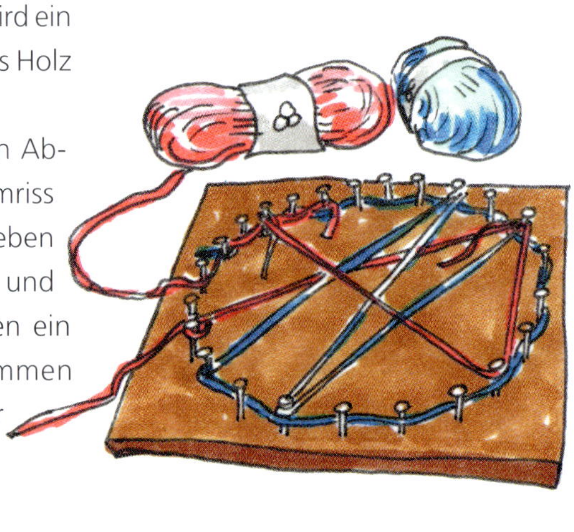

Impressionismus

Impressionismus ist eine Malerei des ausgehenden 19. und beginnenden 20. Jahrhunderts. Bis zu dieser Zeit bemühten sich die Maler, Gegenstände, Menschen und Landschaften in ihren Bildern naturgetreu festzuhalten. Ziel war es, die äußerlich sichtbare Wirklichkeit darzustellen, ein fotografieähnliches Bild zu malen.
Doch nun, zur Zeit des Impressionismus, gab es bereits die Möglichkeit mit einem Fotoapparat alle Dinge wirklichkeitsgetreu festzuhalten. Man brauchte den Maler nicht mehr, um ein Porträt oder Landschaftsbild zu erhalten. Dieser Umstand trug dazu bei, dass sich die Malerei langsam veränderte. Die Maler begannen, sich der Schönheit der Lichtwirkung und des Farbenspiels zu widmen. Es entstand die sogenannte Eindrucksmalerei.
Mit flüchtigen und flinken Pinselstrichen hielten sie Stimmungen fest (zum Beispiel Nebel, Wasserflimmern, Licht zu unterschiedlichen Tageszeiten, Gartenduft). Dazu verließen die Künstler ihre Ateliers und zogen mit der Staffelei und den Farben unter dem Arm los in die freie Natur. Sie malten viele kleine, bunte Farbtupfer, -punkte und -striche aneinander. Geht man ganz nahe an diese Bilder heran, so beginnen die Farben vor den Augen zu tanzen, zu flimmern und sich zu neuen Farben im Auge zu mischen. Augenmischung ist übrigens eine Maltechnik, die vorher noch kein anderer Maler beherrscht hat. Zu Lebzeiten der Künstler war Eindrucksmaler bzw. Impressionist ein journalistisches Schimpfwort, war doch diese Art zu malen gesellschaftlich verpönt.
Ein berühmter Vertreter der Eindrucksmaler ist Claude Monet.

Claude Monet (1840-1926)

Mit zwanzig Jahren begann er eine Malerlehre. Wie alle Impressionisten malte er gerne alltägliche Dinge und fing dazu Lichtwirkungen und Farbenspiele in seinen Bildern ein. Beim Malen entdeckte er, dass sich die Farben der Natur durch unterschiedliche Lichteinwirkung am Morgen, am Mittag und am Abend änderten. Deshalb malte er häufig gleiche Motive mehrmals (zum Beispiel Heuhaufen, Kathedrale von Rouen, Seerosen) zu unterschiedlichen Tageszeiten.
Claude Monet liebte seinen Garten und seine Blumen am Haus in Giverny. So malte Monet, wenn er nicht gerade auf Reisen war, seine Bilder am liebesten im eigenen Garten am Seerosenteich.

Claude Monet: Die Kathedrale von Rouen am Morgen. Das Portal und der Turm Saint-Romain;
Boston (MA), Museum of Fine Arts

Angebote zur Verdeutlichung der Wirkung farbigen Lichts

Um den Kindern die Wirkung von Licht und Farben und deren Zusammenspiel - Licht erst bringt die Farben zum Leuchten, ohne Licht keine Farben - deutlich zu machen, finden Sie im Folgenden einige Angebote. Außerdem gibt es Experimente zur Farbmischung. Es sollen elementare Erfahrungen vermittelt werden, wie sie den impressionistischen Malereien (z.B. Monet) zugrunde liegen.

Rosarote Brille

Material und Werkzeug:

2 Diarahmen ohne Glas;
bunte oder bemalte oder farbig beklebte Pappe;
blaue, rote, gelbe, grüne Folie;
Klebstoff; Gummiband;
Schere

So geht's:

1. Die zwei Diarahmen auf Pappe kleben; zwischen den Diarahmen muss für den Nasensteg genügend Platz bleiben.
2. Nun zeichnen Sie den Nasensteg und die Brillenbügel ein und schneiden anschließend die Brille aus.
3. An den Enden der Bügel befestigen Sie ein Gummiband.
4. Dann werden die „Gläser" aus der bunten Folie zugeschnitten (3,5 x 4 cm) und in die Diarahmen eingeschoben.

Oder Sie mischen die Farbfolien:

rot + blau = lila
gelb + rot = orange
gelb + blau = grün

TIPP

Damit die Brillen den Kindern später auch passen, sollten Sie mit einem Stück Papier und Bleistift vorher an jedem Kind die Position der Augen markieren und dann auf den Karton übertragen.

Bunte Scheinwerfer

Material und Werkzeug:

bunte Folie, Klebeband, Schere, einfache Schreibtischlampe

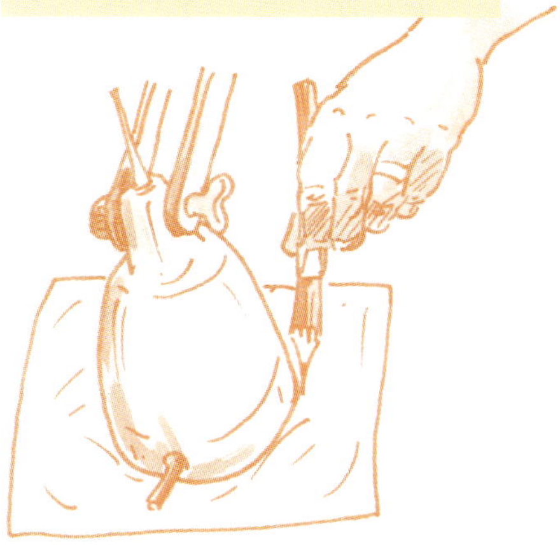

So geht's:

Den Umriss des Lampenschirms auf die bunte Folie übertragen und ausschneiden.
Die Folie mit dem Klebeband vor der Glühbirne am Lampenschirm befestigen. Nun wird das Licht der Lampe auf eine weiße Wand gerichtet. Die Kinder erkennen: die Wand nimmt die Farbe der Folie an.

Bunter Schuhkarton

Material und Werkzeug:

Serviette (rot, blau oder grün), Papier, Klebstoff, offener Schuhkarton, Taschenlampe

So geht's:

Legen Sie den Boden eines leeren Schuhkartons mit einer farbigen Serviette aus. Die inneren Seitenwände bekleben Sie mit weißem Papier.

Lassen Sie nun die Kinder mit einer Taschenlampe hineinleuchten. Sie werden dann mit Erstaunen feststellen, dass die weißen, mit Papier beklebten Seiten die Farbe der Serviette annehmen.

Angebote zur Farbmischung - Augenmischung

Zum Bild „Iris" von Monet auf S. 22

Farbige Kreise

Material und Werkzeug:

3 Folien (gelb, rot und blau), Schere

So geht's:

Aus den Folien bunte Kreise ausschneiden und diese so legen, dass sie sich überschneiden. An den Überschneidungsstellen entstehen immer wieder neue Farben.

Buntes Farbmisch-Fensterbild

Material und Werkzeug:

schwarze Pappe, rotes, gelbes und blaues Transparentpapier, Klebstoff, Schere, Bleistift, Faden, Nadel

Technik:

1. Schneiden Sie einen viereckigen Bilderrahmen aus schwarzer Pappe zu.
2. Rotes, gelbes und blaues Transparentpapier reißen die Kinder in an den Seiten unregelmäßige Streifen von etwas mehr als der Länge der Rahmenhöhe.
3. Die Streifen werden dann an den oberen und unteren Rand des Rahmens geklebt. Beim Kleben soll darauf geachtet werden, dass die Farbstreifen sich an ihren Rändern überschneiden. Durch diese Überschneidungen entstehen, je nach Farbwahl, Lichttöne.
4. Mit einer Nadel stechen Sie oben in den Rahmen links und rechts zwei Löcher, durch die Sie einen Faden zum Aufhängen des Bildes vorm Fenster ziehen können.

Bunte Farbkreisel

Material und Werkzeug:

runde Bierdeckel, 3 Zahnstocher, 3 Schraubdeckel von Flaschen oder 3 Korken, weißer Fotokarton, 3 Farben (rot, gelb und blau)

Es werden drei Farbkreisel gestaltet: Der erste lässt die Farbe Grün entstehen, der zweite die Farbe Orange und ein weiterer die Farbe Violett.

Grüner Kreisel

1. Auf einen entsprechend der Größe des Bierdeckels ausgeschnittenen Kreis aus weißem Fotokarton tragen Sie viele blaue und gelbe Punkte dicht nebeneinander auf.
2. Kleben Sie den Kreis anschließend auf den Bierdeckel.
3. Beim Drehen des Kreisels entsteht dann die Farbe Grün, weil sich die beiden Farben optisch vermischen.

Oranger Kreisel

Entstehung analog, nur mit gelben und roten Punkten.

Violetter Kreisel

Entstehung analog, nur mit roten und blauen Punkten.

So wird der Kreisel gebaut:

1. Durchbohren Sie die Schraubdeckel oder Korken mit einem spitzen Gegenstand in der Mitte.
2. Stecken Sie dann den Zahnstocher genau durch die Mitte des Bierdeckels (Farbpunkte nach oben!).
3. Jetzt tragen Sie ein wenig Kleber auf den Rand des Schraubdeckels oder die runden Seiten des Korkens, stecken den Zahnstocher durch den Schraubdeckel oder Korken und kleben den Bierdeckel daran an.
4. Der Zahnstocher sollte unten nicht mehr als zwei Zentimeter herausschauen.

Fertig ist der Kreisel!

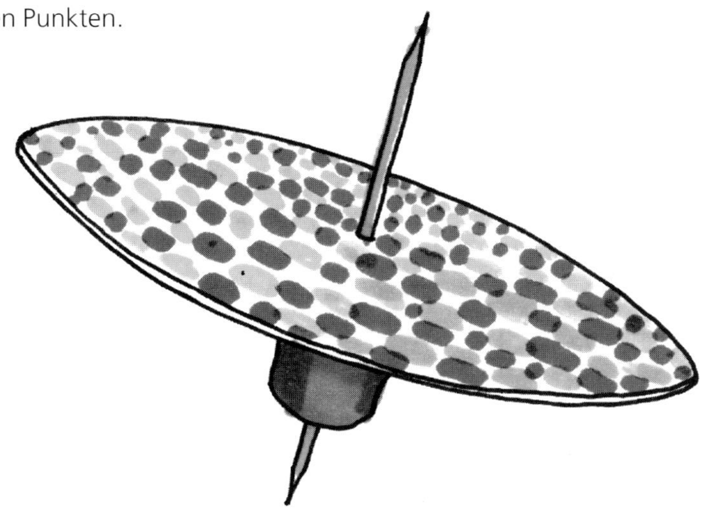

Claude Monet: Iris; Richmond (VA), Virginia Museum of Fine Arts

Angebote zur Arbeitsweise der Impressionisten

Claude Monet: Mohnfeld bei Argenteuil; Paris, Musée d'Orsay

Foto-Spaziergang

Mit dem Fotoapparat (am idealsten wäre hier eine Soforbild-Kamera) geht es hinaus in die freie Natur. Die Kinder sollen geeignete Motive finden, die auch Claude Monet gerne festgehalten hätte.

Lassen Sie die Kinder - nachdem die Bilder entwickelt sind - mit Filz-, Wachs- oder Wasserfarben nach den Fotos malen. Sie sollten aber dabei versuchen, das vorher Erfahrene (Farbmischung etc.) anzuwenden.

Plein-air-Malerei

Wie bei den Künstlern des Impressionismus gehen Sie mit den Kindern in die freie Natur und lassen sie direkt vor dem Objekt malen.
Auch hier sollten die Grundkenntnisse der Farbmischung, Arbeits- und Sichtweise der Impressionisten vorausgesetzt werden. Lassen Sie dann die Kinder mit den Farben und Techniken ihrer Wahl arbeiten.
Sie werden sehen, welchen Riesenspaß die Kinder dabei haben.

Fantasie-Übung

Monet hat viele Bilder am Teich gemalt, doch nie hat er das gemalt, was sich unter der Wasseroberfläche befindet.
Man stelle sich einmal vor, was es da alles zu entdecken gibt:
Tiere und Pflanzen, Feen und Nixen usw. Dies könnte in einer spannenden Gesprächsrunde erarbeitet und anschließend im Bild festgehalten werden.

Blumen-Tupfen-Bilder

Material:
Papier, Pinsel, Korken, Deckfarben in den Primärfarben

Lassen Sie die Kinder Blumenbilder malen, indem sie den Pinsel jedoch nur tupfend führen dürfen.
Am besten machen Sie es ihnen einmal kurz vor

Variation: Materialdruck
Die Kinder bestreichen einen Korken immer wieder mit Farbe und drucken ein Blumenbild.
Das Ergebnis kann variiert werden, indem man verschieden zugeschnittene Korken zur Verfügung stellt.

Tageszeiten-Spaziergang

Wie Claude Monet es tat, so beobachten wir gemeinsam mit den Kindern einen Gegenstand zu unterschiedlichen Tages- oder Jahreszeiten.
Wie verändern sich die Farbe, die Leuchtkraft etc. des Gegenstandes zu diesen unterschiedlichen Zeitpunkten?

Impressionisten-Lied

In Frankreich lebte ein guter Maler,
in Frankreich lebte Claude Monet.

Mit vielen Tupfen malte er die Bilder,
aus vielen Tupfen entstand ein Bild.

Er liebte Blumen in seinem Garten,
er liebte Blumen und malte sie.

Seerosen waren seine Lieblingsblumen,
Seerosen wuchsen in seinem Teich.

Er malte Bilder in bunten Farben,
er malte Bilder mit buntem Licht.

Auch ich mal Bilder mit vielen Farben,
auch mal Blumen auf mein Blatt.

Mit vielen Klecksen in reinen Farben,
aus vielen Punkten entsteht mein Bild.

Jakobine Wierz

Claude Monet: Blaue Seerosen, Musée d'Orsay, Paris

Angebote zu Monets „Seerosen"

Schwimmende Seerose

Bei einem abendlichen Spaziergang an einem Teich ist es möglich mit selbstgestalteten schwimmenden, brennenden Seerosen eine besondere Stimmung zu schaffen.

Material:

Pappteller, 2 Faltpapiere jeweils rosa, weiß oder gelb (12x12 cm), Klebstoff, Teelicht, grüne Deckfarbe

Technik:

Die Kinder malen den Pappteller grün an. Dann kleben sie die aus Papier gefaltete Seerose, in deren Mitte sich das Teelich befindet, darauf. Falten der Seerose: siehe Zeichnung

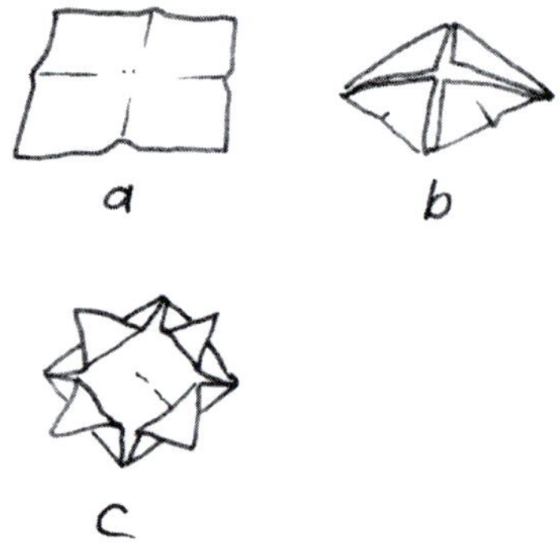

Der Tag der Seerose

Seerosen-Meditation

Die Kinder liegen auf dem Boden oder sitzen im Stuhlkreis. Die Augen sind geschlossen. Anleitung etwa:

„Stell dir einen kleinen Teich vor. An seinen Ufern wächst Schilf und langes Gras. Enten schwimmen auf der freien Wasserfläche. Ein Frosch quakt. Ein leichter Wind geht über das Wasser und treibt kleine Wellen vor sich her. Libellen flirren durch die Luft. In der Mitte des Teiches liegen große grüne Seerosenblätter auf dem Wasser. Und eine Seerosenblüte ist zu sehen.
(Pause)

Stell dir nun vor, dass es Morgen ist. Es dämmert noch. Ein Vogel ruft aus dem Schilf, einmal, noch einmal. Die Seerosenblüte ist noch geschlossen.

Stell dir nun vor, wie die Zeit ganz schnell dahin fließt, eine Stunde in ein Paar Sekunden. Die Seerosenblüte öffnet sich, sie richtet sich zur Sonne hin aus. Die Sonne läuft über den Himmel. Einen weiten Bogen zieht sie, und unten auf der Erde wandern die Schatten genau in die andere Richtung. Die Seerosenblüte neigt sich immer ein klein wenig mehr dem Laufe der Sonne nach, ganz wenig, fast unmerklich. Fliegen umschwirren sie, allerlei kleine fliegende Käfer, bunte Libellen, ein Frosch springt auf das Seerosenblatt und quakt einige Male recht laut, Schwalben sausen über die Wasseroberfläche auf ihrer Jagd nach Insekten. Und da versinkt die Sonne auch schon. Die Abenddämmerung setzt ein. Die Blütenblätter der Seerose schließen sich langsam, je näher die Nacht kommt. Endlich sind sie ganz zu: Die Seerose schläft nun und träumt."

(Mit freundlicher Genehmigung des Herder-Verlags, Freiburg, aus: Friebel, Volker: Wie Stille zum Erlebnis wird, 1995, S.63)

Froschsprünge

Was wäre ein Seerosenteich ohne Frösche? Sie nutzen die großen grünen Blätter, um sich trockenen Fußes fortzubewegen.
Auf dem Fußboden werden Teppichboden-Fliesen (eine weniger als die Anzahl der anwesenden Kinder) so im Raum verteilt, dass ihr Abstand Froschhüpfsprünge von einem zum anderen „Blatt" ermöglicht.

Die Kinder verteilen sich auf den Seerosenblättern.
Das Spiel wird dann nach den Regeln der „Reise nach Jerusalem" durchgeführt.

Angebote zu den Themen „Blumen und Garten"

Zum Bild von Monet auf S. 30

Seh-Spaziergang

Stilleübung

Unternehmen Sie mit den Kindern einen Spaziergang in den Park, Garten, auf eine Blumenwiese, an einen Seerosenteich oder in den Botanischen Garten.
Vorher wird gemeinsam abgemacht, dass sich jedes Kind drei Dinge merken soll, die ihm in der Natur auffallen. Nach dem Spaziergang tragen die Kinder dann ihre Entdeckungen verbal zusammen. Das Erstaunen wird groß sein, denn plötzlich sehen die Kinder Dinge, die ihnen bis dahin gar nicht aufgefallen sind, und auch vermeintliche Kleinigkeiten gewinnen Bedeutung.

Variation:
Vor dem Spaziergang besprechen Sie mit den Kindern, auf was sie ganz konkret achten sollen (Beispiel: Tiere; Blütenpracht; Düfte; Dinge, die rot, gelb, blau usw. sind). Diese Vorgehensweise empfiehlt sich vor allem mit jüngeren Kindern.

Natürlich werden alle Entdeckungen am Ende gemalt.

Duft-Bilder

Auch Düfte haben bei den Impressionisten Eindrücke hinterlassen und in Bildern ihren Niederschlag gefunden.
Es ist sicherlich ein Wagnis, dennoch sollten Sie den unbefangenen Versuch unternehmen, die Kinder einmal einen Duft, zum Beispiel aus der freien Natur in Farben und Formen umsetzen zu lassen.
Vielleicht ist es den Kindern eine Hilfe, wenn Sie ein wenig nachhelfen und fragen: „Welche Farbe stellst du dir vor, wenn du das riechst?" Oder: „Wenn Farben und Düfte Geschwister wären, was glaubst du, welche Farbe wohl die Schwester dieses Duftes sein könnte?"
Das Angebot kann natürlich auch im Raum durchgeführt werden. In dem Fall stellen Sie einen intensiv duftenden Blumenstrauß in die Mitte der Gruppe oder Sie arbeiten mit einer Duftöllampe.

Duft-Potpourri

Sammeln Sie mit den Kindern bunte, gut duftende Blüten (Rosen, Lavendel usw.). Lassen Sie die Blüten dann trocknen. Später vermischen Sie sie zu einem Duftpotpourrie.
Ist der Duft nicht sehr intensiv, kann er mit einigen Tropfen ätherischen Öls intensiviert werden.

Blüten-Collage

Material:
dicker Katalog, Blumen, Papier

Unternehmen Sie mit den Kindern einen Spaziergang in die freie Natur. Die Kinder erhalten den Auftrag möglichst viele bunte und unterschiedliche Blüten zu sammeln. Im Anschluss an den Spaziergang werden die Blüten zwischen die Seiten des Katalogs gelegt, mit Büchern beschwert und gepresst. Einige Tage später können Sie mit den Kindern ein Bild aus den gepressten Blumen gestalten.

Blumen-Quartett

Indem wir die getrockneten Blüten nach dem Fundort sortieren, lässt sich auch ein sehr schönes Blumen-Quartett herstellen.

Die Blumen können zum Beispiel nach folgenden Fundorten sortiert werden:

- am Wegrand
- am Bach
- im Garten
- im Wald
- auf der Blumenwiese usw.

Material:

Karton, Filzstift, selbstklebende Folie, Schere, Kleber, gepresste getrocknete Blüten

Aus dem Karton schneiden Sie pro Fundort vier gleich große Karten. Auf jede dieser vier Karten kleben die Kinder je eine Blume des entsprechenden Fundortes.

Blumen eines Fundortes könnten zum Beispiel Klee, Gänseblümchen, Löwenzahn und Wiesenschaumkraut sein. Fundort wäre in diesem Falle die Wiese.

Anschließend beschriften Sie die Karten (siehe Zeichnung!). Zum Schutz überziehen Sie Blüten und Karten mit selbstklebender Folie.

Spielregeln:

Zum Spielen werden die Karten bunt gemischt und an bis zu vier Personen verteilt. Gewonnen hat der Spieler, der durch Ziehen oder Tauschen die meisten Quartette ablegen kann.

Parfumeure

Material:

Messer, Kräuter-Wiegemesser, Holzbrett, Gefäß, Wasser, Siebe, Zitronen, Orangen, Pfefferminzblätter, Kräuter und Blüten von duftenden Blumen

Die Früchte, Blütenblätter, Blumen und Kräuter werden mit Messer und Wiegemesser zerkleinert und in das Gefäß gefüllt. Die Mischung müssen Sie dann mit Wasser aufgießen. Diesen Aufguss lassen Sie dann über Nacht ziehen. Am nächsten Tag sieben Sie die Mischung ab und verteilen die duftende Flüssigkeit in Gläser.

TIPP

Statt in Gläsern wirkt das selbsthergestellte Parfum in gesammelten alten Parfumflacons oder Decoflaschen besonders gut. Das ideale Geschenk zum Muttertag. Das Parfum muss jedoch sehr schnell verbraucht werden.

Claude Monet: Der Garten Monets in Vétheuil, National Gallery of Art, Washington (DC)

Blumen-Legespiel

Material:

Pappe, Klebstoff,
rote, gelbe, blaue, weiße, rosa und violette Farben,
Blumen-Katalog, Schere

Schneiden Sie sechs 18 x 11 cm große Papp-Rechtecke aus und teilen Sie diese dann wie aus der Zeichnung ersichtlich ein.

Sehen Sie sich dazu die anleitende Zeichnung unten an!

Desweiteren schneidet man zu jedem Rechteck acht 4,5 cm große Quadrate und beklebt diese mit Blumenmotiven aus dem Katalog, entsprechend der an der Seite des großen Rechtecks angebrachten Farbe.
Die 48 Karten müssen anschließend gemäß ihrer Farbe den Rechtecken zugeordnet werden.
Dies kann einzeln oder zu mehreren im Wechsel geschehen, bis alle Rechtecke gefüllt sind.

Blumen-Memory

Material:

Bierdeckel, Kleber, Schere,
Blumen-Katalog

Jeweils 2 Bierdeckel werden paarweise mit den gleichen Blumenmotiven beklebt.
Gespielt wird nach den bekannten Regeln des Memory.

Pflanzen-Druck

Material:

Papier, Deckmalfarben,
Blüten, Blätter

Auch mit Hilfe von Blüten und Blättern kann gedruckt werden. Lassen Sie die Kinder mit dem Pinsel Farbe auf Blüten und Blätter auftragen, um dann damit auf Papier zu drucken.

Pflanzenfrottage

Eine schöne Technik um die Struktur von Pflanzen festzuhalten ist die Reibetechnik, auch Frottage genannt.

Material:

Zeichenpapier, Wachsmalstifte oder Buntstifte,
unterschiedliche Pflanzen,
Gräser und Farne

Technik:
Das Zeichenpapier wird über die Pflanze gelegt. Mit Wachsmal- oder Buntstiften reiben die Kinder über das Papier. Ein Strukturabdruck des Originals der Pflanze bleibt auf dem Papier zurück.
So könnte man eine ganze Sammlung von Abdrücken verschiedenster Materialien aus der Natur anlegen.

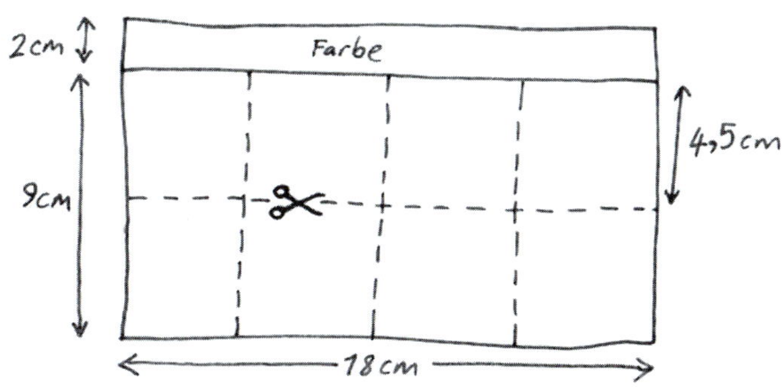

Unser kleiner Blumengarten

Machen Sie's so:

Die Obstkisten mit Blumenerde füllen. Den Blumensamen hineinsäen oder die Setzlinge pflanzen. Jetzt muss täglich gepflegt werden.

Material:

alte Obstkisten, Samen oder Setzlinge, Blumenerde

TIPP

Zur Förderung des Verantwortungsbewusstseins der Kinder bietet es sich an, jedem Kind eine Kiste zuzuteilen, die es bepflanzt und betreut.

Farbstarke Blüten

Aus vielen Blüten lassen sich auch Farben gewinnen. Dazu muss eine große Anzahl an Blüten gesammelt und mit Wasser aufgekocht werden. Die Intensität des Farbtones hängt von der Menge der gesammelten Blüten und der Menge des Wassers ab, in dem die Blüten aufgekocht werden. Je mehr Blüten und je weniger Wasser, desto intensiver die Farbe.

Erfolge werden sich mit Sicherheit mit Goldrute (gelb), Ginster (Pfirsichfarbe), Lupine (verschiedene Färbungen) und Löwenzahn (gelb) einstellen.

Blütenkranz

Aus Wiesenblumen lassen sich schöne Blütenkränze binden. Dazu müssen die Blumen über Kreuz gelegt werden (s. Zeichnung!). Den einen Stengel um den anderen Stengel schlingen (Zeichnung), die Stengel wieder zusammen legen und von vorne beginnen. Dieser Vorgang wird solange wiederholt, bis ein längeres Gebinde entstanden ist und sich zu einem Kranz binden lässt.

Webteppich mit Pflanzen

In der Natur gibt es viele Materialien, die zum Weben benutzt werden können: Gräser, Blätter, Äste, Rinden, Blüten usw.

Der zum Weben notwendige Webrahmen lässt sich sehr leicht aus vier gleich großen und gleich starken Ästen erstellen. Die Äste werden zu einem Viereck zusammengelegt und an allen vier Ecken mehrmals fest mit einem Seil verschnürt (siehe Zeichnung). Dann wird der Webrahmen regelmäßig mit einem Seil umwickelt. Nun können die unterschiedlichsten Schätze der Natur eingewebt werden. Dies geschieht, indem die jeweilige Pflanze durch das gespannte Seil gezogen wird-einmal über dem gespannten Seil hinweg und einmal unter diesem hindurch. Die nächste Reihe wird entgegengesetzt durchgeführt.

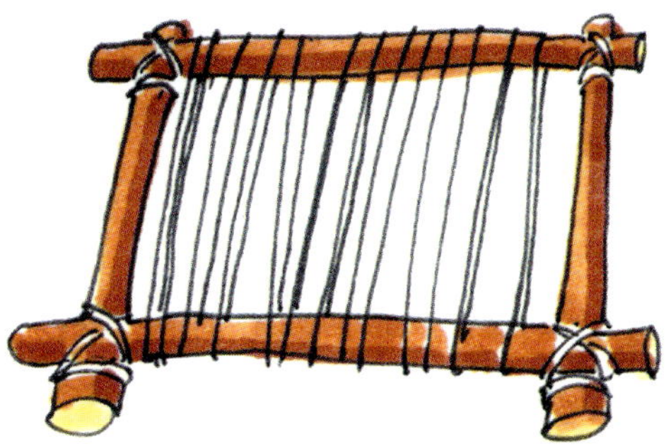

Wachsen und erblühen

Ganzkörperliche Darstellung von
Saat, Wachstum und Blüte

Samenkorn:

Kind kauert kniend am Boden. Kopf zum Boden geneigt eingezogen. Arme und Beine eng am Körper angewinkelt.

Pflanze keimt, die ersten Blätter sprießen:

Langsames Heben des Oberkörpers. Arme lösen sich vom Oberkörper und entfalten sich. Rechter und linker Arm breiten sich abwechselnd langsam aus.

Pflanze wächst:

Kind stellt sich auf die Füße. Die Pflanze bekommt festen Stand. Sie wurzelt fest in der Erde.

Pflanze bildet Knospen aus:

Hände werden zu betenden Händen gefaltet und strecken sich nach oben über den Kopf.

Blume blüht auf:

Die Arme breiten sich nach links und rechts aus. Die Blütenblätter entfalten sich. Die Blume blüht.

Blume verblüht:

Langsam geht das Kind in die Hocke, kniet sich nieder, legt sich flach auf den Boden und schläft ein.

Mit Blumen kann man hervorragende Gerichte zaubern, denn viele Gewürze haben wundervolle Blüten. Auch diese wuchsen in Monets Garten.

Kamillenblüten-Salat

2 kleine Kohlrabi	schälen und raspeln,
1 Karotte	schälen und raspeln,
1 Apfel	waschen und raspeln und mit
50 g Rosinen	und
1 EL Zitronensaft	vermengen. Dann
1 Tasse saure Sahne	
2 Esslöffel fein gehackte	
Kamillenblüten	und
1 Prise Salz	miteinander vermischen.
	Den Salat anrichten, mit dem Gemisch aus saurer Sahne übergießen und mit Kamillenblüten dekorieren.

Kapuzinerkresse-Salat

1 Kopfsalat	säubern, waschen, zupfen.
grüne Blätter der Kapuzinerkresse	säubern, waschen, kleinschneiden und unter den Salat mischen. Mit
etwas Essig, Öl, Pfeffer	und mit
Salatkräuter	würzen. Schließlich mit den
Blüten der Kapuzinerkresse	die essbar sind, verzieren.

Viele Blumen sind Kräuter, Gewürze oder sogar heilende Tees. Aus manchen von diesen lassen sich sogar Salben herstellen. Hier sind nun zwei Rezepte aus dem Bauerngarten:

Kamillentee

Bei sonnigem Wetter werden von Mai bis August Kamillenblüten gesammelt. Sie sollten, einige Tage bevor sie aufblühen, gepflückt werden. Anschließend werden sie im Schatten getrocknet.

Rezept:

1 gehäufter Teelöffel Kamillenblüten mit
1/4 l Wasser kurz aufbrühen und kurz ziehen lassen.

Diesem Tee spricht man bei Bauchschmerzen, Entzündungen und Erkältungen gesundheitsfördernde Wirkung zu.

Ringelblumensalbe

Ringelblumen fehlen in nahezu keinem Garten. Aus ihnen lässt sich ein heilsames Produkt herstellen - die Ringelblumensalbe. In der Naturheilkunde wird ihr eine wundheilende und entzündungshemmende Wirkung zugesprochen.

Rezept:

2 x 2 übervolle Hände geschnittene Ringelblume (Blätter, Blüte, Stiel);
500 g Darm- oder Schweinefett vom Metzger

Das Fett wird so erhitzt, als ob man ein Schnitzel zubereiten wolle. In das durch die Hitze geschmolzene Fett die Ringelblumen geben. Jetzt mehrmals umrühren. Die Masse vom Herd nehmen und erkalten lassen. Zugedeckt bleibt sie über Nacht stehen. Am folgenden Tag die Masse wieder leicht erwärmen und anschließend durch ein Leinentuch filtern. Die fettähnliche Masse kann nun im Notfall auf eine Wunde aufgetragen werden, um zur Heilung beizutragen.

Expressionismus

Im Gegensatz zu den Impressionisten, die den Eindruck einer Atmosphäre oder Stimmung, eines Duftes oder einer hellen, flirrenden, lichtdurchfluteten Landschaft darstellen wollten, versuchten die Expressionisten ihre Gefühle und Stimmungen auszudrücken. Das heißt, den Expressionisten kam es weniger auf naturgetreues Darstellen an, als auf den Ausdruck von Gefühlen, welche eine Landschaft, ein Mensch, ein Tier usw. bei ihnen hervorrief. Dies konnten traurige, aggressive, glückliche oder einsame Stimmungen sein. Den Expressionisten gelang dies mit Hilfe von Farbflächen und verzerrten, vereinfachten Formen, die oft mit schwarzen Linien umrandet wurden. Die Farben trugen meist nicht die Farbe des Objekts, sondern wurden verfremdet dargestellt, weil ihnen bestimmte Charaktereigenschaften zugeschrieben wurden:

Rot:
warm, aggressiv, Liebe, kraftvoll, gefährlich, dynamisch, grell, hart
Orange:
warm, hell, beißend, leuchtend, hart
Gelb:
warm, neidvoll, hell, heiter, sanftmütig, weich
Blau:
kalt, dunkel, zurückweichend, Treue, hart
Grün:
beruhigend, zurückweichend, Natur, gedämpft, weich
Violett:
kalt, auffallend, widersprüchlich, dunkel, hart

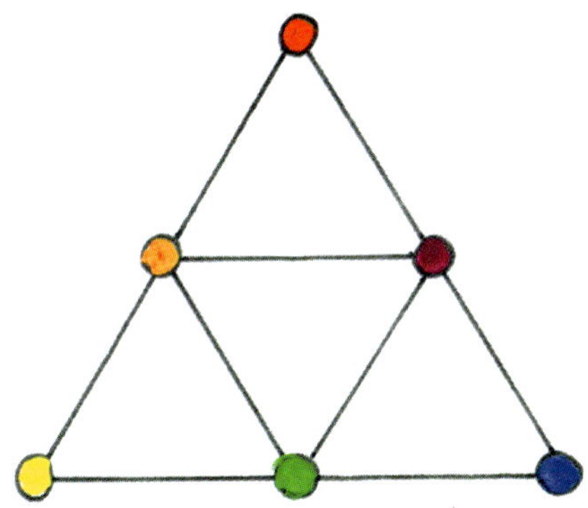

Rot, gelb und blau sind Grundfarben (Primärfarben). Aus ihnen ermischen sich alle anderen Farben (Sekundärfarben; siehe Zeichnung Farbdreieck).
Die Farben, die sich im Farbdreieck gegenüberstehen heißen Komplementärfarben. Liegen diese Farben in einem Bild nebeneinander, bilden sie einen besonders starken Kontrast und gewinnen an Leuchtkraft.
Das Wissen um die Kraft der Farben ermöglichte den Expressionisten ihrem Eindruck subjektiv Ausdruck zu verleihen. Hinzu kam das Wissen um die Bedeutung von Form und Linie.
△ Eckige Form und Linie (Dreieckform): Dynamik, Aggressivität
□ Eckige Form und Linie (Quadratform): Statik, Ruhe
○ Runde Form und Linie (Kreis): Bewegung, Wirbel, Antrieb, Ausgeglichenheit
So haben viele expressionistische Maler ihre Bilder mit Hilfe von Formen und Farben komponiert. Zur Herstellung ihrer komponierten Bilder verwendeten die Expressionisten Farben, Linien und geometrische Formen anstelle von Tönen, Rhythmen und Harmonien.

Franz Marc (1880-1916)

Ein berühmter Vertreter der Expressionismus ist Franz Marc.
Wer einmal in die Nähe von München kommt sollte es nicht versäumen, einen Ausflug nach Kochel zu machen, weil ein Besuch im Museum des dort begrabenen Künstlers Franz Marc auf jeden Fall lohnenswert ist. Auch in München kann man den Spuren von Franz Marc folgen. In der Städtischen Galerie im Lenbachhaus hängen viele Bilder von ihm und seinen Künstlerfreunden, den Blauen Reitern. Mit diesen zusammen malte er viele Bilder.
Seine Lieblingsmotive waren Tiere. Weil er glaubte, dass Tiere klüger und treuer als Menschen seien, malte er sie viel lieber als Menschen. Wer sich ein Bild von Franz Marc anschaut, wird feststellen, dass diese Bilder mit vielen eckigen und bunten Formen gestaltet sind.
Hier lohnt es sich, sich mit der Form- und Farbsprache von Franz Marc auseinanderzusetzen.

Angebote zur Verdeutlichung der Formsprache

Zu den Bildern von Marc auf S. 40/41

Tierbild mit eckigen Formen

Material:

Papier, Zeichenstift (Bleistift, Filzstift), Buntstifte, Deckfarben, Wachsmalstifte

Zeichnen Sie über das ganze Blatt ein großes Tier (vielleicht das Lieblingstier des Kindes?) im Umriss. Es muss nicht sehr genau sein, es reicht, wenn man es erkennen kann.
Dann durchkreuzen Sie diese Umrisszeichnung mit ein paar Linienzügen. Es entstehen auf dem Blatt unterschiedliche eckige Felder, die jetzt von den Kindern bunt ausgemalt werden.

Variationen mit Schablonen

Material:

Für die Wachstechnik:
Pappe (nicht zu fest), Schere, Wachsmalkreide

Für die Spritztechnik:
Pappe (nicht zu fest), Schere, Sieb, Zahnbürste, Deckmalfarbe

Für die Schwammtechnik:
Pappe (nicht zu fest), Schere, Schwämmchen, Deckmalfarben

Anleitung:

Schneiden Sie aus Pappe unterschiedlich große Dreiecke, Quadrate und Kreise aus.
Wenn man diese Schablonen jetzt auf Papier legt, können sie mit den verschiedenen Techniken bearbeitet werden:

Wachstechnik

Auf die Kanten der ausgeschnittenen Formen tragen die Kinder Wachsfarbe auf und streichen sie mit der Fingerkuppe auf das Blatt.

Spritztechnik

Mit einer Zahnbürste nehmen die Kinder Deckmalfarbe auf, die mit Hilfe eines Siebs über die Schablone gespritzt wird.

Schwammtechnik

Ein kleiner Schwamm wird mit Farbe angereichert. Mit diesem tupft man über die Außenkanten der Formschablonen.

Bei allen drei Techniken können die Schablonen immer wieder verschoben werden. Damit eine optimale Farbwirkung erzielt wird, ist es notwendig mit der hellsten Farbe zu beginnen und mit der dunkelsten Farbe zu enden.

Hell ↑

weiß
gelb
orange
rot
grün
violett
blau

↓ ***Dunkel***

Franz Marc: Die großen blauen Pferde; Walker Art Center, Minneapolis

Kunst-Puzzle

Material:

Kunstdruck, 2 Kopien des Kunstdrucks, Karton, Folie, Kleber, Schere

Ziehen Sie beide Kopien auf Karton auf, überkleben diese zum Schutz mit Folie und zerschneiden eine der beiden Kopien in einfache geometrische Formen.

Franz Marc: Pferd und Esel; Privatbesitz, Braunschweig

Material:

Kopie der Zeichnung,
Buntstifte, Wachs-, Deckmalfarben

Geometrisches Stimmungsbild

Vergrößern und kopieren Sie die Zeichnung und verteilen Sie diese an die Kinder. Sie sollen es ausmalen. Je nach der Farbwahl, welche die Kinder treffen, wird dieses Bild unterschiedliche Stimmungen vermitteln. Interessant ist es, alle gestalteten Bilder einer Gruppe zu einem Bildteppich zu vereinigen.

Form - Klang - Bilder

Auch Klängen können Formen zugeordnet werden:
Runde Klänge, spitze Klänge usw.

Material:

Papier, Bleistift oder Buntstift, Marschmusik, Musikwiedergabegerät

Technik:
Es werden Paare gebildet - ein Kind kniet vor einem Blatt Papier am Boden, das zweite Kind steht dahinter. Zu ertönender Musik versucht das stehende Kind mit dem Finger den Rhythmus der Musik in Formen auf den Rücken des vor ihm knienden Kindes zu zeichnen.
Das kniende Kind soll die Formen, die es auf seinem Rücken spürt, auf das vor ihm liegende Blatt übertragen.

Angebote zur Verdeutlichung von Gefühl

Gesprächsrunden: „Gefühle"

Runde 1

Fragen:
Welche Gefühle kennt ihr?
Wie drückt ihr diese Gefühle aus?
Akzeptieren wir die Gefühle anderer?
Welche unterschiedlichen Möglichkeiten haben wir, Gefühle auszudrücken?
usw.

Runde 2 „Rot ist wie..."

Es soll der Versuch unternommen werden, Farben zu beschreiben (rot, gelb, grün, blau, braun, schwarz, weiß, grau, rosa usw.)

Beispiel:
„Gelb ist wie die Sonne wenn ich in den Sommerferien mit meinen Eltern am Strand spiele."

Lied von den Gefühlen

2.
Wenn ich wütend bin, sag ich dir, ja,
dann stampf und brüll ich wie ein wilder Stier.
Solche Sachen kommen mir so in den Sinn,
wenn ich wütend bin, wütend bin.

3.
Wenn ich albern bin, fällt mir ein,
ja, dann quiek ich manchmal wie ein kleines Schwein.
Solche Sachen kommen mir so in den Sinn,
wenn ich albern bin, albern bin.

4.
Wenn ich traurig bin, stell dir vor,
ja, dann heul ich wie ein Hofhund vor dem Tor.
Solche Sachen kommen mir so in den Sinn,
wenn ich traurig bin, traurig bin.

5.
Wenn ich fröhlich bin, hör mal zu,
ja, dann pfeif ich wie ein bunter Kakadu.
Solche Sachen kommen mir so in den Sinn,
wenn ich fröhlich bin, fröhlich bin.

Aus:
Hoffmann, Klaus W.: Wenn der Elefant in die Disco geht, Ravensburg 1983, Ravensburger Buchverlag Otto Maier GmbH

Stimmungslandschaft

Material:

Naturmaterialien
(Steine, Zweige, Gräser usw.),
Pappe, Klebstoff,
Deckmalfarben

Die Kinder suchen unterschiedliche Naturmaterialien zusammen.

Diese kleben sie auf eine oder mehrere Pappen auf. Die so entstandene „Landschaft" wird mit einer Farbe übermalt, die die „Stimmung" dieser Landschaft wiederspiegeln soll (zum Beispiel Aggressivität, Ruhe, Heiterkeit, Freude).

Tierische stille Post

Spielregeln:

Die Kinder stellen sich hintereinander in zwei Reihen auf.

Die beiden letzten Kinder überlegen sich ein Tier und malen dieses auf den Rücken des vor ihnen stehenden Kindes.

Was dieser nun erfühlt, gibt er an den Nächsten weiter, bis die „Post" beim Ersten einer jeden Reihe angekommen ist.

Dieser malt das, was er erfühlt hat, auf ein vor ihm liegendes Papier.

Gewonnen hat die Gruppe, die innerhalb einer bestimmten Zeit die meisten Übereinstimmungen zwischen dem Ersten und dem Letzten einer Reihe erzielt hat.

Stimmungsbild

Ob es uns gelingt, die Kinder dazu zu bringen, ihre momentanen Gefühle (Freude, Glück, Angst, Einsamkeit, Wut usw.) malend zu Papier zu bringen?

Schwierig ist es ganz ohne Frage. Aber das sollte uns nicht davon abhalten es zu versuchen.

Kinder tun sich lange nicht so schwer wie Erwachsene, wenn es darum geht, Gefühle auf Papier zu bringen, bildnerisch darzustellen. Sie tun dies in Farben, Formen, dynamischen Strichen und Bewegungen. Von daher können geeignete Malthemen auch lauten:

„Wie sieht Wut / Glück / Freude / Angst / Einsamkeit aus?"

Pantomime

Wir stellen unsere Gefühle pantomimisch mit dem ganzen Körper oder nur mit dem Gesicht (Mimik) dar.

ANGEBOTE ZUR VERDEUTLICHUNG DER FARBIGKEIT

Zum Bild von Franz Marc auf S. 48

Kalte und warme Farben

Material:

Tücher zum Verbinden der Augen, Fingerfarbe, 2 Glasscheiben, Kühlschrank, Heizung

Kalte Farben (zum Beispiel blau, violett, grün) werden in den Kühlschrank gestellt und warme Farben auf der Heizung angewärmt. Den Kindern werden die Augen verbunden. Auf einem Tisch liegt links und rechts jeweils eine Glasscheibe. Die Farbtöpfe werden nebeneinander aufgestellt. Die Kinder sortieren die Farben nach ihrem Wärme- oder Kälteempfinden und bemalen mit den „kalten" Farben die linke und den „warmen" Farben die rechte Scheibe.
Sie können auch die Glasscheiben vorher anwärmen oder kühlen.

Laute und leise, harte und weiche Farben

Farben können auch hart und weich, laut und leise, stark und schwach, grell und dumpf sein. Die Farben sollen entsprechend den Eigenschaften der Adjektive adäquaten Gegenständen zugeordnet werden.

Beispiel:
Eine harte Farbe ordnen wir einem Stein und eine weiche Farbe einem Fell zu.

Welche Farbe hat der Wind?

Hier soll der Versuch unternommen werden, Dinge zu malen, die nicht sichtbar sind. Dazu können zum Beispiel der Gesang von Vögeln, die Farbe des Windes, der Klang eines Instrumentes und die Struktur eines Materials gehören.

Jahreszeiten

Die Jahreszeiten werden sprachlich thematisiert und Farbtönen zugeordnet
Mit Hilfe von Farben sollen die Jahreszeiten dargestellt werden. Dies soll weniger motivisch, als tupfend, klecksend, pustend und wischend geschehen. Der Schwerpunkt liegt dabei auf der farbigen Auseinandersetzung mit Frühling, Sommer, Herbst und Winter.

Farben und Musik

Farben und Musik können einander bedingen und sich auf die Gefühle auswirken.
Die Farben Rosa, Rot, Orange und Gelb wirken anregend. Musikalisch kann diese farbliche Anregung durch die „Kleine Nachtmusik" von Mozart unterstützt werden.

Lemon, Grün, Türkis und Blau können beruhigen, insbesondere mit Unterstützung des 1. Satzes der Mondscheinsonate von Beethoven.

(Quelle: von Rohr, Wulfing, Einklang - Heilen mit Musik, Knaur, München 1995)

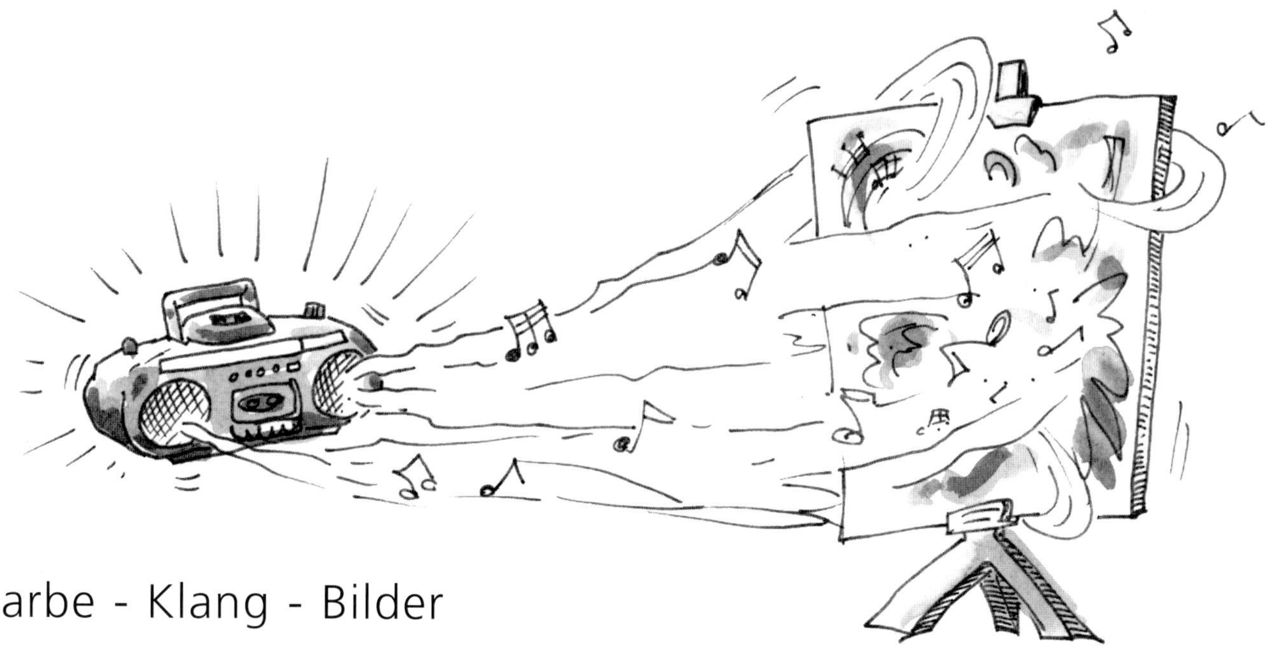

Farbe - Klang - Bilder

Auch Klängen können Farben zugeordnet werden :

Helle Klänge -	helle Farbtöne
Dunkle Klänge -	dunkle Farbtöne
Dynamische Klänge -	dynamische Farbtöne

Material und Medien:

Zeichenpapier, Deckmalfarben, Pinsel,
Tonträger mit
Vivaldi: „Vier Jahreszeiten"
Deep Purple: „Child in Time"
Musikwiedergabegerät

Zu Klängen von Vivaldis „Vier Jahreszeiten" und zu den Klängen von „Child in Time" von Deep Purple sollen Bilder gemalt werden. Die Farben werden nach dem eigenen Farbempfinden intuitiv ausgewählt. Auf diese Art und Weise entstehen individuelle Farb-Klang-Bilder.

Franz Marc: Purpurroter Fuchs; Cllection Heydt Museum, Wuppertal

Bunte Tierbilder

Wer sich Tierbilder von Franz Marc ansieht, dem fällt auf, dass die Farben der Tiere nicht der Realität entsprechen, sondern vielmehr den Charakteren oder den Empfindungen, die Marc gegenüber den Tieren hegte.

Vor welchem Tier habe ich Angst?
Welches ist mein Lieblingstier?
Mit welchem Tier schmuse ich gerne?
Vor welchem Tier ekele ich mich?

Diese Fragen sollen mit Hilfe der Übertragung von Farben auf Tiere beantwortet werden.

Dies kann in einem Gespräch oder malend geschehen.

Die Farbe der Stille

Die Kinder setzen sich in einen Stuhlkreis und schließen die Augen. Nun sollen alle Kinder still sein und in sich hinein schauen, um die Farbe wahrzunehmen, die jetzt in der Stille in ihnen auftaucht. Danach darf jedes Kind erzählen, wie seine Farbe der Stille aussah.

Das Farben-Misch-Lied

(Melodie: Wer will fleißige Handwerker sehen)

1.
Wer will fleißige Maler sehen, der muss zu uns Kindern gehen,
Rot und Gelb, Gelb und Rot, Orange ist dann im rechten Lot.

2.
Wer will große Künstler sehen, der muss zu uns Kindern gehen,
Gelb und Blau, Blau und Gelb, Grün ist dann schnell hergestellt.

3.
Wer will fleißige Kinder sehen, der muss zu uns Malern gehen,
Blau und Rot, Rot und Blau, Violett heißt diese Farb genau.

Jakobine Wierz

„Die Tomate ist rot..."

Auf einem Spaziergang durch die Einrichtung, die Natur oder ein Haus sollen alltägliche Dinge zu bestimmten Farben gesucht werden.
Jedes Kind erhält den Auftrag, Sachen einer oder aber mehrerer Farben zu suchen.
Die Dinge werden später von allen Kindern nach Farben sortiert zusammengetragen. Die Kinder werden staunen, welche Nuancen eine Farbe haben kann.
Ältere Kinder könnten auch mit einer Farbliste losgehen, und die jeweiligen Gegenstände zu der betreffenden Farbe skizzieren. Später wird dann im Gespräch das Ding und seine Farbe beschrieben.

Alles, was rot ist.

Die Geschichte von der traurigen Prinzessin

Im fernen Osten, wo viele Palmen wachsen, lebten ein König und eine Prinzessin in einem großen, grauen und dunklen Schloss. Sie war seine einzige Tochter und wunderschön anzuschauen. Leider war sie immer traurig und wollte stets alleine sein. Der König war ratlos, nichts konnte der Prinzessin Freude machen, nichts konnte sie zum Lachen bringen. Der König überlegte und überlegte, und plötzlich fiel es ihm wie Schuppen von den Augen, es kam ihm eine blendende Idee.

Er trat vor sein Volk und sprach: „Wer meine Tochter zum Lachen bringen kann, der erhält sie zur Frau und nach meinem Tod das gesamte Reich dazu." Diese Botschaft ließ er durch seine Diener, Boten und sein Gefolge im ganzen Land verkünden. Die jungen Männer im Reich konnten es nicht fassen, dass man so leicht König werden könne und so zogen viele zum Schloss, um die Prinzessin zu erheitern. Einer fing an mit den Ohren zu wackeln, ein anderer erzählte Witze, wiederum andere versuchten es mit Zaubertricks oder Tanz, andere schlugen Rad oder gebärdeten sich wie Hampelmänner. Ja, man sah wirklich komische Sachen, doch die jungen Männer brachten nur den Hofstaat zum Lachen.

Während die Burschen im Festsaal versuchten, der Prinzessin ein Lächeln abzuringen, weil sie das Reich des Königs gewinnen wollten, machte sich draußen an den grauen Wänden des Schlosses ein junger Malergeselle ans Werk. Ihm ging es weniger um das Reich, ihn beschäftigten mehr die traurigen Augen der Prinzessin. Er wusste, wovon er sprach, wenn er ans Traurigsein dachte. Auch er war früher sehr bedächtig, traurig und zurückhaltend. Seit er allerdings mit seiner Malerlehre angefangen hatte und sich jeden Tag mit vielen bunten Farben beschäftigen musste, war er immer froh gelaunt und guter Dinge. So kam er auf die Idee, dass auch der Prinzessin in den dunklen grauen Mauern des Schlosses die Farbe fehlen könnte. Er beschloss, die ganzen Außenmauern des Schlosses bunt anzustreichen. Mit Gelb fing er an, machte mit Rot weiter, übermalte das Gelb nochmals mit Rot, verwendete erneut Gelb und setzte einen blauen Farbtupfer darauf. Dann wechselte er die Mauer, malte mit Rot weiter oder mit Gelb, ja er malte, überpinselte und mischte. Er fand kein Ende, bis das Schloss kunterbunt angemalt war.

Der König entdeckte mit Entsetzen die bunten Mauern. Er rief seinen Hofstaat zusammen, um den Malergesellen hinter Gitter werfen zu lassen. Die Prinzessin, die traurig in ihrem Zimmer saß, wunderte sich über die Aufregung außerhalb des Schlosses. Sie lief hinunter auf den Schlosshof, wo ihr Vater verzweifelt sein Schloss Kunterbunt beweinte. Als die Prinzessin die bunten Mauern des Schlosses entdeckte, huschte zuerst ein leises Lächeln über ihr Gesicht, und dann fing sie aus vollem Herzen an zu lachen. Der König, hoch erfreut darüber, dass die Prinzessin von ihrer Qual erlöst war, erteilte den Befehl, den jungen Maler aus dem Kerker zu befreien. Nun stimmten alle ins Lachen der Prinzessin ein, der König, der Maler, der Hofstaat und die Lakaien. Der König sprach: „Mein lieber Sohn, zum Dank für das Lachen meiner Tochter erhältst du sie zur Frau, hinzu mein Land und später meinen Thron."

Daraufhin lud der König zum Fest, denn alle sollten das glückliche Gesicht der Prinzessin sehen können. Alle zusammen feierten eine bunte, prunkvolle, frohe Hochzeit mit Tanz, Musik und Gesang im Schloss Kunterbunt.

Jakobine Wierz

Aufgabe:

Versuche in die Rolle des Malergesellen zu schlüpfen und das Schloss Kunterbunt zu malen.

Wie die Farben Freunde wurden

Die Kindergruppe wird in vier unterschiedlich farbige Gruppen eingeteilt: in eine weiße, rote, gelbe und blaue Gruppe.
Gekennzeichnet werden die Gruppen durch eine Serviette oder ein Tuch in der jeweiligen Farbe, welches jedes Kind in der Hand hält. Die roten, gelben und blauen Kinder stellen sich unsortiert in einem Kreis auf. Die weißen Kinder stellen sich in die Mitte des Kreises.

Geschichte:

Am Anfang ist das Weiß.
Die Kinder winken mit ihren weißen Servietten oder Tüchern.
Das Weiß ist ganz sauber, hell und vornehm.
Die weißen Kinder verneigen sich.
Das Weiß ist auch sehr leise.
Die weißen Kinder bewegen sich schleichend auf den Fußspitzen und halten einen Finger vor den Mund.
Das Weiß ist auch sehr ordentlich.
Die weißen Kinder bilden im großen Kreis einen kleinen Kreis.
Doch eines Tages kommt das Rot dahergerannt und zerstört die Ordnung des Weiß.
Die roten Kinder durchbrechen den Kreis der weißen Kinder und rennen herum.
Das Rot rennt und rennt und schreit.
Die roten Kinder dürfen laut schreien: ***Hier bin ich - das Rot!***
Doch plötzlich bleibt das Rot stehen und begrüßt das Weiß.
Die roten Kinder halten plötzlich inne und geben den weißen Kindern die Hand.
„Bei dir ist es ganz schön langweilig. Ich muss dich etwas aufwecken", sagt das Rot.
Die roten Kinder schütteln die weißen Kinder.
„Wir könnten Freunde werden", sagt das Rot.
Die Kinder bilden rot-weiße Paare und gehen im Kreis herum.
Das Weiß und das Rot finden, dass sie wunderbar zusammenpassen und beschließen ein Fest zu feiern. Dazu laden sie ihre Freunde ein.
Als erstes folgt das Blau der Einladung.
Die blauen Kinder kommen mit ausgebreiteten Armen angeschwebt.
Das Blau lässt sich ruhig nieder, um sich auszuruhen.
Die blauen Kinder knien sich nieder.
Doch mit der Zeit breitet sich das Blau immer mehr aus, so wie es der Himmel tut.
Die blauen Kinder machen mit den Armen Kreisbewegungen und verschaffen sich Platz. Die roten und weißen Kinder gehen wieder in den großen Kreis zurück.
Das Blau hat gerade den gesamten Platz eingenommen, da kommt das Gelb wie ein Blitz angeschwirrt.
Die gelben Kinder laufen in Zickzacklinien durch die gesamte Gruppe.
Hell und strahlend ist das Gelb und piekst in das Rot, Blau und Weiß.
Die gelben Kinder pieksen die Kinder der entsprechenden Farben.
Da spricht die Klügste der vier Farben, das zu Tode erschrockene Weiß: „Wir wollen uns gegenseitig nicht stören, sondern ein gemeinsames Fest feiern."
Alle Kinder gehen in den großen Kreis, halten sich an den Händen, hüpfen mehrmals in die eine und die andere Richtung.

(Idee der Geschichte frei nach Heller, Eva: Die wahre Geschichte von allen Farben, Lappan-Verlag)

Das Ampelspiel

Die Farben der Ampel werden auf Bedeutung und Wirkung hin besprochen.
Rot bedeutet Stehen, Gelb bedeutet Achtung, Grün bedeutet Gehen.

Zuerst wird je eine rote, gelbe und grüne Serviette bereitgelegt. Die Kinder bewegen sich hüpfend im Raum. Wird die rote Serviette hochgehoben, müssen die Kinder sofort stehen bleiben. Wird dagegen die gelbe Serviette in die Luft gehalten, so bedeutet dies für die Kinder stehen zu bleiben, die Hand an die Stirn zu legen und nach rechts und nach links Ausschau zu halten. Wird die grüne Serviette gehoben, dürfen alle Kinder sich frei im Raum bewegen.

Angebote zur Verdeutlichung der Thematik „Traum"

Zu den Bildern von Marc auf S. 54/55

Tiger-Traum-Reise

Stelle dir vor, du bist der Tiger auf Franz Marcs Bild auf Seite 54. Du wirst gefangen und in einem Zirkus in einen Käfig gesperrt. Im Zirkus werden dir viele Kunststücke und viele Tricks beigebracht. Dennoch wird es dir eines Tages langweilig. Auch die anderen Tiere im Zirkus haben die Zirkusluft satt. Wie du möchten sie sich in der Natur wieder frei bewegen können. So beschließen sie, ihre Dompteure zu überwältigen und gemeinsam auszubrechen.
Stelle dir vor, wie euch das wohl gelingen wird!

Tier-Traumreise

Auf vielen Bildern stellt Franz Marc Tiere und ihre Träume dar. Suche dir ein Tier aus, schlüpfe in seine Rolle, lege dich schlafen und träume seinen Traum.
(Aufgabe: Siehe nächste Seite!)

Traumbild

Material:

Papier, Wachsmalstifte oder Deckmalfarben

Die Kinder sollen versuchen, den Ort ihres Traumes zu malen.

Unterstützende Fragen an das Kind:

- Wo spielt der Traum?
- Wie groß sind die Gegenstände?
- An welchem Ort träumst du am liebsten?

Franz Marc: Der Tiger, Städt. Galerie im Lenbachhaus, München

Franz Marc: Der Traum. Collection Kunstmuseum, Bern

Die Traumbox

Material:

Schuhkarton (oben offen), unterschiedliche Gegenstände und Stoffe, Klebstoff, Schere, Klebeband

In eine Schmalseite des Schuhkartons ein Guckloch schneiden. Die Wande innen (und außen) mit Stoffen, Goldpapier, Spiegeln... auskleiden und in den Karton Perlen, Steine, Federn... kleben, legen oder stellen. - Der Fantasie sind keine Grenzen gesetzt.

Den Karton oben mit farbigem Transparentpapier schließen - die Verwandlung zur Traumbox ist perfekt!

Das Licht, das durch das bunte Papier scheint, lässt das Innere des Kartons in stimmungsvollen Farben erscheinen.

Ein Blick durch das Guckloch lohnt sich!

Fantasie-Bilderbuch

Werden Kinder mit Bildern großer Künstler konfrontiert, so fällt es ihnen leicht, über das Dargestellte zu fantasieren und Geschichten zu formulieren.

Schreiben Sie einfach die Geschichten der Kinder auf!
Kopieren Sie sie und gestalten damit ein Märchenbuch.
Den Kindern macht die Illustration der eigenen Geschichten sicherlich Spaß.

„Alm-Jause-Suppe"

Das „Traumgericht" von Franz Marc

Franz Marc zog sich zum Malen gerne in die Berge zurück. Am wohlsten fühlte er sich auf der Staffelalm. Dort hat er mit Sicherheit auch die ein oder andere Jause zu sich genommen. Vielleicht auch die folgende Alm-Jause-Suppe:

2 EL Mehl	mit
2 EL Butter	in einem Topf anbräunen. Dann mit
1L Milch	aufgießen. Mit
etwas Salz und Kümmel	würzen.
Roggen-Bauernbrot	in Würfel schneiden und hineingeben. Dazu isst man ein Butterbrot. Bei den Almbauern ist diese Jausesuppe sehr beliebt.

Gegenstandslose Kunst - abstrakte Malerei

Mit diesem Begriff wird eine Kunst bezeichnet, die vor dem Zweiten Weltkrieg entstand. Sie bildet keine Gegenstände der sichtbaren Realität ab. Die gegenstandslose Kunst nimmt die Formen der Natur als Anstoß zur Bildgestaltung, die aber immer noch Beziehung zu Naturformen aufweist. Gestaltet wird mit Hilfe von Ebenen, Flächen, Formen, Linien, Punkten und Farben. Es werden mehrere Techniken unterschieden.

Werdeform
(Vertreter: Wassily Kandinsky)
Mit Plan und Vernunft werden innere Erlebnisse und Eindrücke durchstrukturiert und finden in einem spannungsvollen Bildaufbau ihren Niederschlag. (Ab S. 58)

Ordnungsform
(Vertreter: Paul Klee)
Sie arbeitet mit Elementarformen (Dreieck, Kreis, Quadrat) und ordnet eine Fülle von Klein- und Großformen und Farben. Diese werden zu einem ausgewogenen Bild miteinander verknüpft und zusammengefügt. (Ab S. 62)

Spielform
(Vertreter: Joan Miro)
Alle Formen werden frei erfunden oder sind Kinderzeichnungen oder primitiven Kulturen entnommen. (Ab S. 70)

Elementarform
(Vertreter: Piet Mondrian)
Es wird vorwiegend mit einer oder mehreren Elementarformen (Dreieck, Kreis, Quadrat) gearbeitet. (Ab S. 76)

Wassily Kandinsky (1866-1944)

Kandinsky gehörte wie Franz Marc zur Künstlergruppe „Die Blauen Reiter".
1866 wird er in Moskau geboren, lebt später in München, lernt dort die Malerin Gabriele Münter kennen und zieht zusammen mit ihr nach Murnau am Staffelsee. Hier fühlt er sich von der dort ansässigen Volkskunst der Hinterglasmalerei angezogen. Diese Kunst beeinflusst das Schaffen der „Blauen Reiter". Schwarze Konturen in ihren Bildern zeugen von diesem Einfluss. Geometrische Grundformen (Dreieck, Quadrat, Kreis) in unterschiedlicher Farbigkeit, schwarz konturiert, spielen in den Bildern der „Blauen Reiter" und insbesondere in Kandinskys Bildern eine große Rolle.
Desweiteren wurde Kandinsky 1911 von dem Musiker Arnold Schönberg beeinflusst. Beide versuchten die traditionellen Kompositionsregeln aus ihren Gebieten zu überwinden. Schönbergs Musik inspirierte Kandinsky zu den verschiedensten Bildkompositionen.

„Grau ist klanglos und
unbeweglich
Helles Blau ist einer Flöte
gleich
Das Dunkle dem Cello
Je dunkler es wird,
desto mehr ähnelt es
dem Klang der Bassgeige
Zuletzt der Orgel.

Gelb klingt
wie eine scharfe Trompete
Das absolute Grün
wie ruhige, gedehnte
mitteltiefe Töne der Geige ...
wenn man das Wort Rot hört,
hat dieses Rot
in unserer Vorstellung
keine Grenze ...
Dieser innere Klang ist ähnlich
dem Klang einer

Trompete oder
eines Instrumentes,
welches man
sich vorstellt
bei dem Wort Trompete usw.,
wobei die Einzelheiten
ausbleiben."

W. Kandinsky, 1912

Wassily Kandinsky Impression III (Konzert)
(c) VG Bild-Kunst, Bonn 2000

Vertiefungsmöglichkeiten zur Hinterglasmalerei Kandinskys

Hinterglasmalbilder

Material:

Glasscheibe, schwarzer Filzstift (wasserunlöslich), Deck- oder Fingerfarben, Spiritus, Lappen, Gold- oder Alufolie, Pappe, Klebeband

Vorgehen:

Zuerst säubern Sie die Glasplatte mit Spiritus. Anschließend übertragen Sie mit dem Filzstift ein Motiv im Umriss auf die Glasplatte. Zu beachten ist, dass das Bild spiegelbildlich erscheint. Nun können die Kinder das Bild mit intensiv leuchtenden Farben ausfüllen und/oder Gold- oder Alufolie hinterlegen. Das ergibt einen kostbaren Effekt. Zum Schluss legen Sie über die bemalte und mit Folie beklebte Fläche ein Stück Pappe in Größe der Glasplatte und befestigen diese mit Klebeband.

Hinterglasmal-Dias

Material:

Glühlampenlack, bunte Folien, Wattestäbchen, Glasdiarahmen, Nagellackentferner

Vorgehensweise:

Die Glasdiarahmen werden geöffnet und eine Seite mit unterschiedlich farbigem Glühlampenlack mit Hilfe von Wattestäbchen motivlos bunt bemalt. Hierdurch entsteht ein wunderschönes Farbenspiel, welches durch zugeschnittene Folien, die in den Diarahmen hineingelegt werden, noch gesteigert werden kann. Wegen des intensiven Geruchs von Glühlampenlack empfiehlt es sich bei geöffnetem Fenster zu arbeiten.

Der Nagellackentferner dient zum Reinigen der Hände.

Variation:

Mit Hilfe dieser Diabilder entstehen, an die Wand projiziert, überdimensional große moderne Gemälde, die auch als farbige Kulisse für Kinderfeste, Theater oder Parties verwendet werden können.

Mit wasserbeständigem schwarzem Folienstift können die entstandenen Farbvariationen nach dem Trocknungsprozess schwarz umrandet werden.

Vertiefungsmöglichkeiten zum Thema „Malen und Musik"

Vom stummen Maler und dem tauben Komponisten

Vor gar nicht langer Zeit lebte in einem fernen Land ein Maler namens Wassily Stumm. Stumm hieß er, weil er nicht sprechen konnte. Musik war für ihn das Wundervollste auf der Welt. Wenn er Musik hörte, tauchten die herrlichsten Bilder in seinem Kopf auf. Sie waren voller Farben, Formen und Linien. Ab und zu hatte er auch klangvolle Melodien in seinem Kopf. Aber trotz aller Musik war er überaus traurig. Er litt sehr darunter, dass er niemandem von seinen Bildern erzählen konnte. Auch seine Melodien konnte er keinem Menschen mitteilen, denn Noten konnte er nicht schreiben, und ein Instrument zu spielen hatte er nie gelernt. Immer und immer wieder überlegte er, wie er den Menschen von seiner Musik und seinen Bildern erzählen könne. Doch er blieb ratlos.

Auf einer Reise lernte er eines Tages einen Musiker kennen. Dieser war nicht nur Musiker, sondern auch Komponist und schuf die schönsten Melodien. Doch auch er war traurig und erzählte dem Maler, dass er taub sei und noch nie eines seiner Musikstükke gehört habe. So könne er sich kein Bild von der Schönheit seiner Kompositionen machen. Das bringe ihn fast zur Verzweiflung. Da hatte der stumme Wassily einen wunderbaren Einfall. Er konnte zwar nicht sprechen, aber er konnte malen. So beschloss er die Musikstücke des tauben Musikers in Bilder umzusetzen. Gesagt, getan.

Am nächsten Tag lud der Musiker den Maler zu sich nach Hause ein und spielte ihm dort eines seiner Werke vor. Sofort wurde der Maler von der Musik angeregt. Er griff zu Leinwand, Pinsel und Farbe und ließ sich von der Musik vollkommen einnehmen. Bei hohen Tönen benutzte er helle Farben und bei tiefen Tönen dunkle Farben. Kurze Töne wurden zu Punkten auf der Leinwand, lang anhaltende Töne zu bewegten Linien. Er malte wie in einem Rausch. Endlich gelang ihm das, was ihm schon lange auf der Seele brannte. Wassily hatte mit dem Pinsel einen Weg gefunden, seine Gedanken beim Hören von Musik den Menschen mitzuteilen.

Der Musiker war begeistert von der Form- und Farbsprache seiner musikalischen Harmonien. Er konnte sich endlich ein Bild von seiner Musik machen. Der Maler hatte eine weitere Idee. Diese Maltechnik ermöglichte es ihm, seine Kompositionen, die er im Kopf mit sich herumtrug, bildhaft darzustellen. Er komponierte nicht mit Noten und Harmonien, sondern mit Farben, Linien und Formen. Von diesen Bildern ließ sich wiederum der Musiker anregen und setzte sie in Noten und Musik um. So war es dem Maler möglich, auch seine klangvolle Musik, die er bisher immer nur im Kopf hatte, hören zu können.

Auf diese Art und Weise konnten sich der taube Musiker und der stumme Maler gegenseitig helfen. Bald gaben beide überall Konzerte und stellten die entsprechenden Bilder dazu aus. Sie reisten durch die ganze Welt, waren gemeinsam stark und wurden gemeinsam sehr berühmt.

Jakobine Wierz

Hör-Bilder

Klänge und Farben

Gemeinsam erarbeiten Sie, wie zum Beispiel ein Trommelwirbel, ein Glockenton, ein Trompetenstoß oder ein Flötenton farbig oder formal gemalt werden könnten.

„Weiß weiß Bescheid"

Lesen Sie die Geschichte „Weiß weiß Bescheid" von Paul Köntopp (Baumhaus-Verlag, Frankfurt 1998) vor.

Dann sollen die Kinder gemeinsam mit Ihnen Alltagsgegenstände klanglich ausprobieren, die die Farben in der Geschichte akustisch darstellen könnten. Hierbei teilen Sie jedem Kind eine Farbe zu, die es akustisch darstellen möchte. Immer wenn die betreffende Farbe genannt wird, soll das entsprechende Geräusch erklingen.

Mit vielen Materialien (zum Beispiel Metall, Stein) lässt sich dieses Klangspiel sehr gut durchzuführen. Mit Hilfe eines Stockes kann man dem Material Töne entlocken: Holz klingt anders als Metall, Hohlkörper anders als feste Masse, Holz auf Holz anders als Stein auf Stein.

Ein Hör-Spaziergang

Die Kinder sind ganz ruhig, und achten während eines Spazierganges auf verschiedene Geräusche. Später sollen sie versuchen, diese Geräusche in einem Bild festzuhalten. Wie sieht zum Beispiel das Gezwitscher eines Vogels aus?

Musikalisches Bild

Material:
Tapetenrolle, dicke Pinsel, Acrylfarbe

Beispiel:

Malen nach der Musik von Arnold Schönberg: Kammersymphonie Nr. 2, Opus 38

Vorgehensweise:

Die Kinder malen wie Kandinsky großflächige Bilder nach der Musik von Arnold Schönberg. Es ist ratsam, beidhändig malen zu lassen, weil Kinder dann zu ungegenständlicheren Ausdrucksformen finden.

Paul Klee (1879-1940)

Auch er gehörte zur Gruppe „Der Blaue Reiter".

Im Vordergrund seines künstlerischen Wirkens steht das spielerische Ordnen von Formen, Farben und Linien. Diese versucht er in einen ausgewogenen Bildzusammenhang zu arrangieren (siehe Bild). Häufig arbeitet Klee aber auch graphisch-zeichnerisch mit Linienkonstruktionen. Ein typisches Bild dafür ist sein „Narr in Trance" (siehe Bild). Hier wird sein spielerischer Umgang mit der Linie deutlich. Linien werden aneinander gereiht und durchkreuzen sich. Dadurch entstehen neue Formen, die sich wiederum mit Bildinhalten füllen lassen.

Dabei orientiert er sich sehr stark an kindlichen Darstellungen, denn nach seinen Einschätzungen übertreffen Zeichnungen aus Kinderhand die seinen bei weitem. Während seines Schaffens versucht er sich Kinderzeichnungen anzunähern, da diese nicht von des „Gedankens Blässe" angekränkelt sind.

Auf dem Wege zur Annäherung an Kinderzeichnungen verfasst er eine Reise mit der Zeichenfeder, auf die es sich einzulassen lohnt.

1929, 46 (N6) Narr in Trance (c) VG Bild-Kunst, Bonn 2000
Paul Klee Narr in Trance, 1929, 46 (N 6)
Öl und Wasserfarben auf Leinwand; 50,5 x 35,5 cm; Museum Ludwig, Köln

ANGBEOTE ZUM THEMA „LINIE"

Die Reise mit der Zeichenfeder

Über den toten Punkt hinweggesetzt sei die erste bewegliche Tat: die Linie. Nach kurzer Zeit Halt, Atem holen: unterbrochene oder bei mehrmaligem Halt gegliederte Linie. Rückblick, wie weit wir schon sind: Gegenbewegung. Im Geiste den Weg dahin und dorthin erwägen: Linienbündel.
Ein Fluss will hindern, wir bedienen uns eines Bootes: Wellenbewegung. Weiter oben wäre eine Brücke gewesen: Bogenreihe. Drüben treffen wir einen Gleichgesinnten. Zuerst vor Freude einig (Annäherung der Linien), stellen sich allmählich Verschiedenheiten ein: selbständige Führung zweier Linien. Wir durchqueren einen ungepflügten Acker (Fläche von Linien durchzogen), dann einen dichten Wald: ? Unser Begleiter verirrt sich.
Korbflechter kehren heim mit ihren Wagen: das Rad. Bei ihnen ein Kind mit den lustigsten Locken: die Schraubenbewegung. Später wird es schwül und nächtlich. Ein Blitz am Horizont: die Zickzacklinie. Über uns die Sterne: die Punktesaat.
Bald ist unser Quartier erreicht. Vor dem Einschlafen wird manches als Erinnerung wieder auftauchen, denn so eine kleine Reise ist sehr eindrucksvoll:
Die verschiedensten Linien. Flecken. Tupfen. Flächen glatt. Flächen getupft, gestrichelt. Wellenbewegung. Gehemmte, gegliederte Bewegung. Gegenbewegung. Geflecht, Gewebe. Gemauertes, Geschupptes. Einstimmigkeit. Mehrstimmigkeit. Sich verlierende, erstarkende Linie (Dynamik). Das frohe Gleichmaß der ersten Strekke, dann die Hemmungen. Verhaltenes Zittern, Schmeicheln hoffnungsvoller Lüftchen. Vor dem Gewitter der Bremsenüberfall! Die Wut, das Morden.

Paul Klee

Vorgehen:
Die Geschichte wird langsam vorgelesen. Die Zuhörer sollen parallel das Gehörte bildhaft auf ein Papier übertragen.
Geschichtsfetzen stehen in dieser Geschichte ohne jeglichen Zusammenhang nebeneinander. Dies wissen die Zuhörer zu Beginn allerdings nicht. Sie versuchen unentwegt einen Sinnzusammenhang zu finden und sind demzufolge häufig nicht in der Lage ein Bild zu gestalten. Die Geschichte gibt ihnen keine klaren Formen vor, die es ihnen ermöglichen würde, Symbole in ihrem Kopf abzurufen. Dadurch entsteht die Schwierigkeit der Bildgestaltung.
Die Zeichenreise scheint in dieser Form für Kinder nicht geeignet zu sein, doch für Eltern und erziehende Personen ist sie dann von Bedeutung, wenn es darum geht, sich dem zeichnerischen Niveau der Kinder zu nähern und sich in die Gedankenwelt der Kinder hineinzuversetzen.

Das brauchen Sie:

die Geschichte von Klee, ein Blatt Papier, Blei- oder Filzstift oder Pinsel und Wasserfarben

HIER IST EINE FÜR KINDER EHER GEEIGNETE ZEICHENREISE

Ein Filzstift wollt' auf Reisen gehen

Vorgehensweise:

Sie brauchen die gleichen Materialien wie zuvor.

Lesen Sie die folgende Versgeschichte vor.

Lassen Sie den Kindern am Ende jedes Zweizeilers genügend Zeit, damit sie das Gehörte in einem Bild darstellen können.

Ein Filzstift wollt´ auf Reisen gehen,
als Spur von ihm war gleich ein Strich zu sehen.

Der Weg ist grad, der Weg ist krumm,
drum läuft der Stift im Kreise rumm.

Aus diesen Kreisen werden Bögen,
ach wär der Stift doch nur zu Haus geblieben!

Verzweifelt läuft er hin und her, durchkreuzt die eignen Spuren,
und sieht sie dann nicht mehr.

Doch seine Reise führt ihn weiter,
aus ihm wird gleich ein Wellenreiter.

Die Wellen schwingen hin und her,
alsbald kommt dann ein Sturm daher.

Der Sturm, er bläst mit voller Wonne,
Und lässt im Meer 'nen Sprudel kommen.

Der Stift ganz schwindlig von des Sturmes Brausen,
kommt im Zickzack nur nach Hause.

Ach, der Stift will schlafen gehen,
ist gleich nicht mehr zu sehen.

Jakobine Wierz

Zum Bild auf der nächsten Seite

Narr in Trance 1

Auf Seite 66 finden Sie die Konturen von Klees „Narr in Trance" nochmal wieder.

Die Kinder sollen sie bunt ausmalen.

Vielleicht entdecken die Kinder während des Ausmalens neue Formen und Figuren.

Sind die Bilder ausgestaltet, so können sie hinsichtlich ihrer Farbwirkung noch besprochen werden (rot gefährlich, bunt lustig usw.).

Narr in Trance 2

Material:

größerer Schuhkarton, Schere, Bleistift, Buntstifte, Zeichenblatt

Vorgehen:

Der Schuhkarton wird an einer Breitseite rechteckig ausgeschnitten. Unter den Karton legen Sie dann ein Zeichenblatt. Die Kinder sollen unter diesem Karton, ohne dass sie ihr Bild sehen, ein Zauberbild, einen „Narr in Trance" entstehen lassen. Wenn die Kinder das fertige Blatt unter dem Karton herausziehen, werden sie über ihr eigenes Werk überrascht sein. Alle Kinder sollen nun im Uhrzeigersinn ihr Bild an ihren Tischnachbarn weitergeben. Dieser soll es dann farbig ausgestalten. Im Anschluss daran werden die Bilder gemeinsam betrachtet.

Bilderbuch mit Linie

Zu jedem der folgenden Verse soll ein kleines Bild gemalt werden, das anschließend von Ihnen mit dem vorgelesenen Vers beschriftet und nach Beendigung des Malens zu einem Buch gebunden wird (pro Vers ein Bild).

Sieh dir diesen Strich mal an, was aus ihm mal werden kann.

Aus diesem Strich wird gleich ein Weg, der führt über einen Steg.

Nun wird aus diesem Strich ein Haus, ganz da unten wohnt die Maus.

Schon seh´ ich mit dem Strich die Katze kommen, schnell die Maus hinweggenommen.

Aus diesem Strich wird nun ein Kasten, denn das Mäuschen muss nun fasten.

Aus dem Strich wächst dann ein Baum, da wirst du staunen, glaubst es kaum.

Ach, der Strich will schlagen gehen, ist schon bald nicht mehr zu sehen.

(Frei nach Doris Beuth)

Monotypie

Material:

Glasplatte, Linoldruckfarbe, Zeichenpapier, Linolwalze, Stifte

Viele graphische Darstellungen Klees erinnern an einen Einmaldruck, die sog. Monotypie.

Vorgehen:
Die Glasplatte mit Hilfe der Linolwalze gleichmäßig dünn mit Linoldruckfarbe einwalzen.
Anschließend einfaches Papier auf die eingewalzte Glasplatte legen, mit der Hand leicht darüber streichen, damit überschüssige Farbe entfernt wird. Das Papier abnehmen und jetzt erst Zeichenpapier auf die Glasplatte legen. Auf die Rückseite mit unterschiedlich breiten Stiften ein Motiv aufzeichnen.
Danach kann das Blatt von der Glasplatte abgezogen werden.
Es ist ein graphischer Spiegelbilddruck entstanden.

Ein-Strich-Bild

Klee experimentierte häufig mit einer Linie und versuchte, ohne abzusetzen ein Motiv zu gestalten. Die gleiche Vorgehensweise kann eine interessante Aufgabe für Kinder sein, die auch sehr gerne mit einer Linie experimentieren.

Folgende Aufgabenstellungen sind denkbar:

- ☞ Zeichnen einer Fantasiefigur oder einer Maske
- ☞ Zeichnen eines Bienen- oder Mückenfluges
- ☞ Der Malende stellt sich vor, eine Mücke oder eine Biene zu sein, die mit dem Filzstift Gestalten umfliegt.

Variation:
Beim Zeichnen mit einer Linie entstehen durch Kreuzungen und Umkreisungen in der Regel eigenständige Elementarformen. Diese bieten sich für eine farbige Ausmalung an. Dadurch können ganz neue Bilder entstehen.

Drei-Strich-Spielbild

Material:
großer Karton oder Papier, Wachsmalkreide

Jeder der drei bis sechs Mitspieler darf bei einem Zug drei Striche seines Motivs malen, ohne den Stift abzusetzen. Der folgende Spieler beginnt, denselben Vorgang dort, wo der Vorgänger geendet hat. Ziel des Spieles ist es, innerhalb einer bestimmten Zeit ein gemeinsames Bild zu gestalten.

Seil- oder Woll-Legebild

Material:
Seil oder Wolle, Karton, Klebstoff

Vorgehen:
Ohne abzusetzen soll auf den mit Klebstoff versehenen Karton mit dem Wollfaden eine Figur geklebt werden.

Vertiefung zum Thema Ordnungdform und Elementarform bei Paul Klee

Rund, eckig, spitz!

Was ist rund bei dir zu Haus?
Mond und Sonne, Apfel, Ball.
Rundes siehst du überall.

So viel bunte Zaubersachen,
kannst du aus dem Halbkreis machen.
Zitrone, Marienkäfer, Igel und auch Tasse,
das ist doch alles klasse.

Dann kommt ein wilder Sturm,
weht um einen Quadrateturm.
Ritter, ratter, Eisenbahn,
schau die Rechtecke dir an!
Rechteckig sind auch die Wagen,
und dann geht es los mit Fahren.

Drei Ecken kannst du finden bei Haus, bei Schirm
und beim Tannenbaum,
doch ein Eckenvogel erscheint dir nur im Traum.

Grosse Zackensterne leuchten aus der Ferne.

Rund sind Schilder auf der Strasse
und die Brille auf Opas Nase.

Ecken, Halbkreis, Dreieck auch
und ein runder Bauch
und noch ein paar Arme dran,
fertig ist mein Hampelmann.

Frei nach: Barbara Cratzius, Eugen Stoss: „Rund, eckig, spitz - das bunte Formenbuch", Pattloch-Verlag, Augsburg 1998

Legebilder

Material:

Moosgummi in unterschiedlichen Farben, Schere

Vorgehen:

Aus Moosgummi werden große, kleine, dicke, dünne, kurze, lange und schmale Dreiecke, Vierecke und Kreise zugeschnitten. Eine gemischte Anzahl von ca. 150 Exemplaren ist notwendig, um folgende Legebilder zu gestalten:

- Gestalten eines Legebildes nach Groß- und Kleinsortierung
- Gestalten eines Legebildes nach Farbsortierung
- Gestalten eines Legebildes nach Formsortierung
- Gestalten eines Legebildes nach Motivsortierung
- Gestalten eines kunterbunten Legebildes

TIPP

Die Figuren müssen nicht unbedingt aus Moosgummi geschnitten werden, vielmehr kann auch eingefärbtes Papier benutzt werden. Dadurch werden die Legebilder noch farbiger.

Formenbeutel

Vorgehen:

Ein Stoffbeutel enthält die zugeschnittenen Moosgummiformen des Beitrags „Legebilder" von der nächsten Seite. Die Kinder greifen mit geschlossenen Augen in den Beutel hinein, nehmen jeweils eine Form in die Hand und versuchen diese zu erfühlen. Danach werden die ertasteten Formen aus dem Beutel genommen und im Domino-System zu einem Bild zusammengefügt.

Zum Bild von Joan Miró auf S. 72

Joan Miró (1893 - 1983)

Sehr intensiv beschäftigt er sich mit Kinderzeichnungen und der Kunst primitiver Völker.
Im Vordergrund seines künstlerischen Schaffens steht das Spiel mit der Fantasie. So schuf er eine unvergleichbare poetische Traumwelt.

© Ursula Petke

Ein Miró-Bild zum Ausmalen

Das nebenstehende Bild können Sie kopieren, wenn Sie wollen auch noch vergrößern und den Kindern, nachdem Sie die Bildbetrachtung auf der nächsten Seite durchgeführt haben, zum Ausmalen geben.

Puddingritter und Baumastronaut

Kreativ-Rezepte

Oft fragen Kinder: „Was soll ich malen?" Diese Frage können Sie nutzen, um mit den aufgelisteten Wörtern die Fantasie der Kinder anzuregen:

Durch überkreuztes Verbinden der Hauptwörter entsteht eine Vielzahl irrealer Begriffe (zum Beispiel „Kükenfee", „Augenhaus").

Kopieren Sie die Wörter, schneiden Sie sie aus und verteilen Sie sie dann zu gleichen Teilen in zwei Behälter. Die Kinder nehmen dann je ein Wortkärtchen aus jedem Behälter. Das Ergebnis, zum Beispiel „Musik-Flugzeug" lesen Sie den Kindern vor, wenn sie noch nicht selbst lesen können.

Bei der bildnerischen Gestaltung dieser Begriffe sind die meisten Kinder um keine Darstellung verlegen.

Pudding	Maschine
Party	Auto
Musik	Flugzeug
Vogel	Ritter
Küken	Astronaut
Auge	Fee
Nase	Prinzessin
Regen	Schloss
Traum	Brille
Computer	Gezwitscher
Baum	Haus
Trompete	Garten

Joan Miró Der Karneval der Harlekine
(c) VG Bild-Kunst, Bonn 2000

Vertiefung des fantasiereichen Schaffens von Miró

Bildbetrachtung

Versuche die im Bild „Karneval der Harlekine" abgebildeten Figuren mit Namen zu benennen und sie zu beschreiben.
Mit was scheinen sich die Figuren zu beschäftigen?

Zu dem abgedruckten Bild hat Josef Guggenmos im Jahre 1981 ein Buch mit demselben Titel herausgebracht. In diesem wird das Bild erzählend beschrieben.
Sicherlich ist es auch für Kinder spannend, sich zu diesem Bild eine eigene Geschichte auszudenken.

Miró-Mobile

Material:

Karton, Schere, Acrylfarbe, Bleistift, Nylonfaden, Nadel, großer Holzreif oder ein Speichenrad

Vorgehen:

Ohne abzusetzen zeichnen Sie auf Karton zum Beispiel einen Hund, eine Katze, einen Elefanten, einen Mensch oder eine Giraffe. Anschließend schneiden Sie oder die Kinder die Figuren aus und bemalen sie beidseitig bunt. Auch die Reststücke, aus denen die Figuren herausgeschnitten wurden, können die Kinder beidseitig bunt gestalten. Mit Hilfe der Nadel werden nun alle Teile mit einem Loch versehen, durch das der Nylonfaden gezogen wird.

Jetzt können Sie alle Figuren am Reif aufhängen (siehe Bild).

So könnten die Mobile-Teile bemalt werden.

Freunde-Malbild

Material:

großes Zeichenblatt, Farben

Vorgehen:

Legen Sie das Zeichenblatt im Querformat aus und teilen Sie es mit Strichen senkrecht in drei Teile.
Je zwei Kinder können an diesem Zeichenblatt zusammen arbeiten. Dann stellen Sie zwei zusammengehörige Bildaufgaben, zum Beispiel: „Drachen und Elefant". Ein Kind malt die hintere Hälfte des Drachen auf ein äußeres Papierdrittel, das zweite Kind das Vorderteil des Elefanten auf die andere äußere Papierfläche.
Sind beide Bilder vollständig, müssen die beiden Motive im mittleren Teil des Zeichenblattes gemeinsam verbindend ausgemalt werden.

Plastische Miró-Figuren

Material:

Schachteln unterschiedlicher Größe, Plastikflaschen oder Dosen, Rundhölzer, fester Draht, Kugeln aus Styropor oder Holz, Perlen, Heißklebepistole, Pinsel, Acrylfarben, Papier, Tapetenkleister

Vorgehen:

Die Kartons, Kugeln, Plastikflaschen usw. werden mit Acrylfarben gestaltet oder mit Pappmaschee überzogen und anschließend bemalt. Zur Gestaltung von Miró-Figuren steht nun eine große Menge von plastischen Elementarformen zur Verfügung, die mit Rundhölzern, Draht und Heißklebepistole zu fantasievollen Figuren zusammengefügt werden können (siehe Bild).

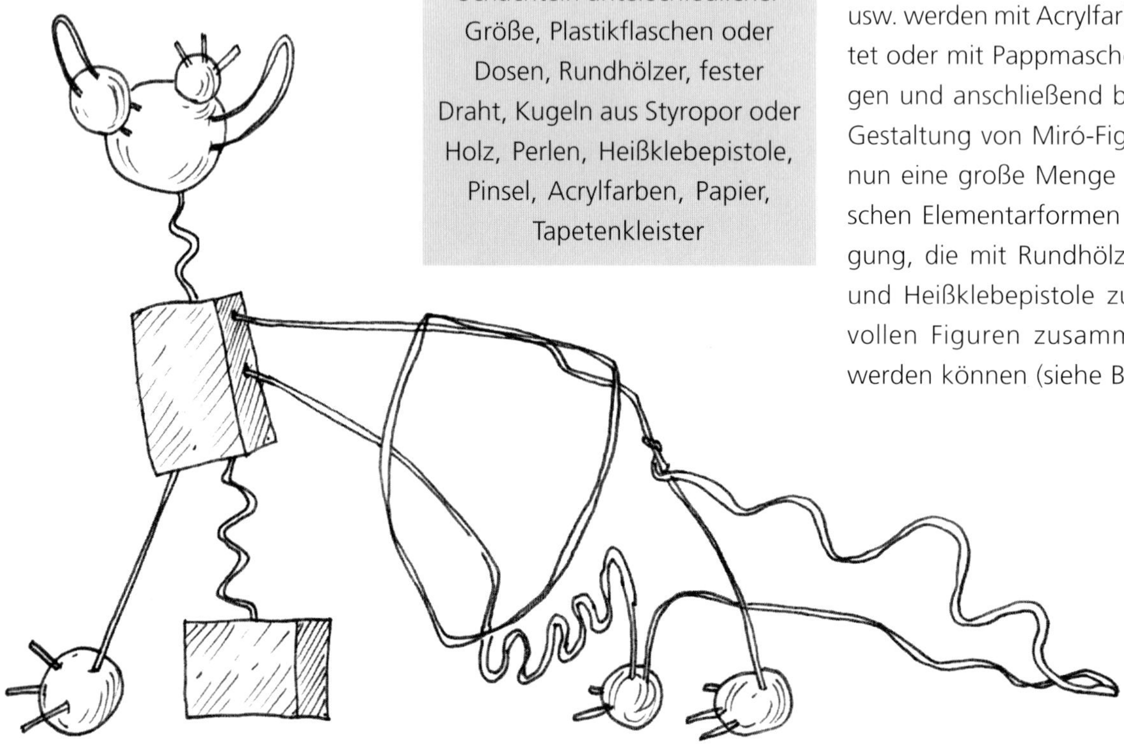

Zum Bild von Mondrian auf S. 76

Piet Mondrian (1872-1944)

Sein Stil wird durch das Arbeiten mit einer einzigen Elementarform, dem Viereck, geprägt. Häufig reduziert er auch die Farbigkeit, mit der er arbeitet, auf ein Minimum: rot, gelb und blau.

Angebote zur Elementarform Viereck

Viereck-Geschichte

Zu jedem Vers können jeweils aus einem Viereck die entsprechenden Bilder entstehen.

Sieh dir dieses Viereck an,
was aus ihm entstehen kann.

Aus diesem Viereck wird gleich ein Haus,
da schauen viele Köpfe raus.

Nun wird aus diesem Viereck eine Kiste.
Was wird wohl drin sein? Wenn ich das nur wüsste.

Nun seh' ich mit dem Viereck ein Auto kommen,
warum hat´s mich nicht mitgenommen?

Aus dem Viereck entsteht ein Schrank,
heraus schaut da der kleine Frank.

Aus dem Viereck wird ein Fenster,
durch das entfliehen die Gespenster.

Denn es ist nun Mitternacht
und das Viereck sagt Gut' Nacht.

Jakobine Wierz

Piet Mondrian Bild I
(c) Mondrian/Holtzmann Trust, c/o Beeldrecht, Amsterdam, Holland / VG Bild-Kunst, Bonn 2000

Viereck-Legebild

Material:

Buntes Moosgummi oder Tonpapier, Schere, Klebstoff, schwarzer oder weißer Bogen Papier, Stift

Aus dem bunten Moosgummi oder Tonpapier schneiden Sie unterschiedlich große Vierecke aus, mit denen Bilder gestaltet werden sollen.

Dies geschieht durch das Aufkleben der Vierecke auf Papier. Bei weißen Zwischenräumen können diese noch schwarz ausgemalt werden.

Mosaik-Spiel

Material:

großer Karton,
vier schwarze Filzstifte,
Wachsmalstifte

Vorgehen:
Vier Mitspieler sitzen sich an einem Tisch gegenüber. Mit verbundenen Augen sollen diese nacheinander zehn unterschiedlich große Vierecke auf einen großen Karton zeichnen. Dadurch kommt es zu einigen Überschneidungen, wodurch neue Vierecke entstehen. Diese sollen dann mit Wachsmalstiften ausgemalt werden.

Papier weben

Material:

buntes Tonpapier,
Schere

Vorgehen:
Buntes Tonpapier wird der Länge nach in verschieden breite Streifen geschnitten. Nun kann man diese Streifen miteinander verweben. Es entsteht ein Papierteppich, der aus Vierecken besteht (siehe Bild!).

Bunter Hausgrundriss

Material:

Zeichenpapier (DIN A 3),
Bunststifte,
schwarzer Filstift

Vorgehen:
Das Blatt Papier durchkreuzen Sie senkrecht und waagerecht mit schwarzen Linien, so dass ein unregelmäßiges Schachbrettmuster mit großen und kleinen Rechtecken entsteht. Daraufhin werden die Kinder gebeten, sich die unterschiedlichen Rechtecke als Räume in einem Haus vorzustellen. Jedem dieser „Räume" sollen die Kinder frei eine Farbe zuordnen. Durch das Ausmalen der Rechtecke mit diesen Farben wird nun das Bild gestaltet.

Kubismus

Der Begriff Kubismus stammt von der geometrischen Form der Kube ab. Betrachtet man Bilder oder Plastiken von Picasso, so fallen direkt mehrere gestalterische Schwerpunkte des Kubismus ins Auge:

→ Bei der Gestaltung eines kubistischen Bildes wird das Darzustellende in einfache geometrische Formen (Dreiecke, Rechtecke, Quadrate...) zerlegt.

→ Die Bilder erscheinen so, als wären sie zertrümmert und anschließend nicht mehr richtig zusammengefügt worden. Dies wird in der Fachsprache Deformation des Bildgegenstandes genannt. Dabei kann es passieren, dass es zur völligen Aufgabe des Objektes kommt und nur noch einfache geometrische Formen nebeneinander stehen.

→ Oft haben die Figuren mehrere Augen, Nasen, Ohren und Münder, als seien sie gleichzeitig verschieden Richtungen zugewandt. Dabei bedienten sich die Kubisten der Kinderzeichnung. Kinder stellen in ihren Bildern Bewegung dar, indem sie sich des Kunstgriffs des Mischprofils bedienen, d.h.: Zeigen Kinder eine Seitendarstellung, so malen sie z.B. häufig das Gesicht in frontaler Darstellung und setzen seitlich an den Kopf die Nase. Oder sie malen eine Profildarstellung mit einem Auge, setzen aber in die Mitte des runden Kopfes die Nase.

→ Die dargestellten Gegenstände erscheinen zerlegt und gebrochen, so als würden sie durch ein Kaleidoskop betrachtet.

→ Häufig sind die Bilder nicht nur gemalt, sondern mit eingefügten Papierschnipseln ergänzt. Diese Technik heißt Collage.

→ Die Kubisten spielen häufig mit der Linie. Mit einer einzigen Linie versuchen sie einen Gegenstand im Ganzen zu erarbeiten oder sie deformieren mit einigen Strichen ein Bild.

→ Die Linien verlaufen fast immer gerade.

Im Zusammenhang mit diesen ornamentalen Elementen steht eine historische Entwicklung zur Gründungszeit des Kubismus: Die Zertrümmerung der Städte durch den 1.Weltkrieg. Er hinterließ eine Deformation des dagewesenen Schönen und prägte damit die Arbeiten der Künstler damaliger Zeit. Das Zusammensetzen der verbliebenen Reste zu einem neuen Ganzen und eine daraus sich entwickelnde neue Sichtweise der Dinge und der Gesellschaft sind geistiger Ursprung des Kubismus. Aber auch exotische Einflüsse trieben den Kubismus voran. Viele Künstler der damaligen Zeit sind von der Ausdrucksstärke und der Einfachheit afrikanischer Masken beeindruckt und versuchen ihre eigenen Darstellungen maskenähnlich zu abstrahieren. Die Beschäftigung mit Kinderzeichnungen vieler Künstler nahm ebenfalls Einfluss auf den Kubismus. Auch hier beeindruckt die Einfachheit und die Prägnanz. Sie formen die Darstellungsweise und das künstlerische Schaffen der Kubisten. Sie erobern sich die Elementarform zurück, welche sie als Kind schon in ihrer Einfachheit benutzt hatten.

Pablo Picasso (1881-1973)

Picasso ist einer der geistigen Väter des Kubismus. Geboren wurde er 1881 im spanischen Malaga. Dort verbrachte er auch seine Jugend. Sein Vater war Zeichenlehrer. Von ihm lernte er sicherlich sehr viel. 1895 zieht Picasso mit seiner Familie nach Barcelona, wo er die Kunstschule besucht. Bei allen Anregungen die Barcelona bot, Picasso sehnte sich nach Paris, dem damaligen kulturellen Zentrum. Dort kommt er 1900 an. Hier hat er die Möglichkeit seine Kunstform zu finden.

Dazu wechselt er häufig seinen Malstil. So malte er in der Zeit von 1901 - 1904 vorwiegend in blauen Farbtönen (Blaue Periode) und in der Zeit von1905 - 1906 überwiegend in rosa Farbtönen (Rosa Periode). In dieser Zeit stellt Picasso seine Darstellungsobjekte noch vorwiegend gegenständlich dar. Erst nach dieser Zeit begann er sich bei der Darstellung von der Realität zu lösen. Dazu zerlegte er vertraute Formen in kleinste Partikel und arrangierte sie im Bild vollkommen neu. 1973 stirbt Picasso und hinterlässt ein umfangreiches kubistisches Werk. Zwei Bilder aus diesem umfangreichen Œvre sollen im Mittelpunkt der folgenden spielerisch kreativen Auseinandersetzung stehen.

Märchen: Wie Picasso dazu kam, Trümmerbilder zu malen

Es ist noch gar nicht solange her, da lebte in Paris der Künstler Pablo Picasso. Er war von Spanien nach Paris gekommen, um hier andere Künstler kennen zu lernen, von denen er noch etwas lernen konnte. Er selbst war außerordentlich talentiert und man sagte ihm eine große Zukunft voraus. Der französischen Sprache nicht mächtig, halfen dem jungen Künstler Freunde sich in der großen Stadt zurecht zu finden. Doch das Leben in Paris war nicht so einfach wie sich Pablo das vorgestellt hatte. Das Leben in Paris war teuer und wer kauft schon Bilder eines unbekannten Künstlers. Um das Leben etwas preiswerter zu gestalten, zog Pablo mit einem Freund zusammen. Nun teilten sich die beiden eine Wohnung, in der jedoch nur ein Bett stand. Die beiden einigten sich schnell, wer zu welcher Zeit das Bett zum Schlafen benutzen durfte. Pablo, der gerne tagsüber schlief, arbeitete in der Nacht. Sein Freund schlief nachts und arbeitete am Tag. So reichte zwar ein Bett für die Freunde aus, aber in der Wohnung war es kalt und Hunger hatten sie auch. Jeder weiß, dass der Hunger umso größer ist, je kälter es ist. Pablo beschloss schweren Herzens, sich von einigen seiner heiß geliebten Bilder zu trennen. Er brauchte Heizmaterial, um nicht zu erfrieren. So dienten ihm seine Kunstwerke als Heizmaterial und verbrannten im Ofen. Doch es verbrannten nicht immer alle Teile seiner Bilder, leicht angesenkte Ausschnitte seiner Darstellungen blieben des Öfteren im Ofen unversehrt liegen. Und da Pablo an seinen Bildern hing, die in mühevoller Arbeit entstanden waren, zog er die noch erhaltenen Reste als Erinnerung aus der Asche. Er schnitt die von Feuer versenkten Ränder ab und klebte sie so, wie er glaubte das sie zusammengehörten, auf eine Leinwand. Es entstanden lauter Mosaikbilder, die jedoch, da sie unvollständig waren, von Pablo mit bunten Papieren überklebt oder zeichnerisch ergänzt wurden. Dabei war ihm egal, welches Material er

benutzte, um die Bilder wieder zu flicken. Er hatte ja kein Geld und so musste er das Material verwenden, das er überall kostenlos fand. Zwar gefielen ihm die Bilder jetzt nicht mehr so gut wie vorher, aber es waren Erinnerungsstücke, die ihm wichtig waren. Und was einem wichtig ist, hält man in Ehren, so dachte jedenfalls Pablo. Er hing diese Bilder in seinem Atelier auf und jeden Tag, wenn er daran vorbei ging, erfreute er sich an den kleinen erhaltenen Details seiner verbrannten Werke. Eines Tages erhielt Pablo Besuch von einem Mann, der sich für eines von Pablos Bildern interessierte. Pablo lief sofort, um die noch bis zum Rand gefüllte Mappe seiner künstlerischen Arbeiten dem interessierten Käufer vorzulegen.
Doch als Pablo mit seiner riesigen Mappe erschien, hatte sich der Mann schon ein Bild ausgesucht. Pablo konnte es kaum glauben, der Käufer interessierte sich doch tatsächlich für eines der Bilder, die er zusammengestückelt hatte und die an der Wand seines Zimmers als Erinnerungsstücke hingen. Der Mann war begeistert, so etwas ausdrucksstarkes habe er noch niemals gesehen. Daraufhin bot er Pablo für das Bild eine hohe Summe an. Pablo willigte in den Kauf ein. Damit waren für ihn die Wintermonate gesichert. Er brauchte nicht mehr zu frieren , hatte genug zu essen und neue Farben konnte er sich auch kaufen. Pablos eigenwillige Art, Bilder zu gestalten, wurde in Paris sehr schnell bekannt und es gehörte bei den Reichen zum guten Ton, ein Bild jenes Künstlers zu besitzen, der Trümmern einen Wert beimisst.

Lied: Die Kubisten sind Künstler

(Melodie wie: Die Tiroler sind lustig die Tiroler sind froh)

Die Kubisten sind Künstler die Kubisten sind froh,
sie malen die Nase der Frau an den Po.

Die Kubisten sind Maler die Kubisten sind froh,
sie malen mit Formen Gesichter K.O.

Picasso ist Künstler er ist auch Kubist,
er malt den Menschen nie so wie er ist.

Er malt die Gesichter mit Farben auch bunt,
Es stellt sich die Frage wo ist nur der Mund?

Die Augen man weiß nie genau wo sie sind,
doch niemals ist eine Figur von ihm blind.

Die Ohren zu finden ist oft auch sehr schwer,
sie schwirren im Bild dann oft hin und auch her.

Jeder weiß jetzt woran man Picasso erkennt,
und dass man sein Malen Kubismus nennt.

Lieblingsspeise von Picasso

Picasso war nicht nur Maler, sondern auch ein Feinschmecker. Und wer ein guter Kubist werden will, der darf nicht nur das Gemüse malen, sondern muss es auch gerne essen. So war eines seiner Lieblingsgerichte Ratatouille.

Rezept

Zutaten: 4 Auberginen,
1 grüne und 1 rote Paprikaschote,
5 Zucchini
2 Zwiebeln,
4 Knoblauchzehen,
1 Thymianzweig,
etwas Olivenöl,
Salz und Pfeffer.

Das Gemüse waschen und putzen. Auberginen schälen. Stiele und Trennwände der Paprika entfernen. Gemüse in Würfel schneiden. Tomaten häuten, entkernen und das Fruchtfleisch grob hacken. Zwiebeln und Knoblauch schälen und zerkleinern. 5 EL. Öl erwärmen, Auberginen hineingeben, von allen Seiten anbraten und dabei stetig wenden. Auberginen aus der Pfanne herausnehmen und warm stellen. Nun 3 EL. Öl in die Pfanne geben und die Zwiebeln mit Paprika bei schwacher Hitze 6-8 Min. dünsten. Knoblauch und Zucchini hinzufügen und weitere 10 Minuten mitdünsten. Anschließend werden die Tomaten, die Auberginen, der Thymian und etwas Öl dazugegeben. Dann wird mit Salz und Pfeffer gewürzt. Nach dem die ganze Masse weiter 35-45 Minuten auf kleiner Flamme vor sich hingeköchelt hat, ist das Essen fertig. Baguette schmeckt dazu köstlich. (Rezept : Frei nach Herscher, Zu Gast bei Picasso, Heyne)

Erkundung des Bildes Portrait de Dora Maar

Mögliche Fragestellungen bei der Bildbesprechung des Portraits von Dora Maar

→ Sieht man Dora Maar von der Seite oder von vorne?

→ Warum glaubst du, hat Picasso Dora Maar zwei Nasen gegeben?

→ Glaubst du, dass Dora Maar geschielt hat?

→ An was denkt Dora Maar wohl gerade?

→ Wieso hat Dora Maar ein gelbes Gesicht? Ist sie krank?

→ Warum sind die Körperformen wohl so eckig?

→ Die Finger sind so spitz wie Krallen. Warum hat Picasso die Hand so spitz gemalt?

Pablo Picasso Portrait de Dora Maar
(c) Succession Picasso/VG Bild-Kunst, Bonn 2000

Finde die richtige Nase zu Dora Maar

Versuche die Nase zu finden, die zu Dora Maar gehört.

Erkundung des Bildes Femmes a leur toilette

Pablo Picasso Femmes à leur toilette
(c) Succession Picasso/VG Bild-Kunst, Bonn 2000

Welche Tapete stammt aus dem Bild?

Versuche die Tapete herauszufinden, die aus dem Bild stammt.

Mögliche Fragestellungen bei der Bildbesprechung von Femmes à leur toilette

→ Wie viele Frauen sind auf dem Bild zu sehen?

→ Welchen Tätigkeiten gehen die Frauen nach? Woran kannst du diese Tätigkeiten erkennen?

→ Wie viele unterschiedliche Papiermuster hat Picasso benutzt?

→ Hält die Frau ganz rechts einen Spiegel oder ein Bild in der Hand?

→ Warum sieht das Spiegelbild der Frau, die gekämmt wird, ganz anders aus als sie selbst?

→ Stellt euch vor, ihr würdet so aussehen wie diese Figuren. Würdet ihr euch gefallen? Könntet ihr euch gut bewegen?

→ Sind die Frauen angezogen oder nackt?

→ Ist euer Bad zu Hause genauso bunt?

Malangebote zum Thema Blaue und Rosa Periode

- Kinder malen ein Bild nur in einer Farbe, in ihrer Lieblingsfarbe.
- Kinder malen ein Bild nur in Rosa und äußern anschließend ihre Empfindungen beim Malen.
- Kinder malen ein Bild nur in Blau und äußern anschließend ihre Empfindungen beim Malen.

Weitere Malthemen

Male ein Gesicht, das gerade dabei ist den Kopf zu drehen.

Male einen Obstkorb und versuche das Obst in geometrischen Elementarformen zu malen (z.B. dreieckige Birnen, dreieckige Traubenklötze, viereckige Tomaten und Äpfel etc.).

Stelle dir vor, du gehst um einen Menschen herum. Versuche ihn gleichzeitig von allen Seiten zu malen.

Male dich selber im Bad wie du dich duschst, Zähne putzt, dich kämmst etc....

Beobachtungsaufgabe für Eltern und Erzieherinnen

Beobachten Sie Kinder beim Zeichnen. Wie stellen Kinder Menschen dar, die sich in eine bestimmte Richtung bewegen? Können Sie Ähnlichkeiten von kubistischer Darstellung und der Richtungsdarstellung von Kindern entdecken?

ANGEBOTE ZU DEFORMATION UND COLLAGE

Kaleidoskop

Material:

Klopapierrolle, Spiegelfolie, Schaschlikstäbchen aus Holz, ein runder Bierdeckel, eine Perle, Klebstoff, Klebeband , weißes Papier, bunte Papierfetzen oder ein Foto

Die Klopapierrolle wird innen mit Spiegelfolie ausgeklebt. Wer möchte, kann die Rolle außen bunt verzieren. Nun wird der Bierdeckel mit weißem Papier beklebt und anschließend mit bunten Papierfetzen versehen. Diese können wild durcheinander oder aber auch motivisch zusammengestellt werden. Interessant ist es auch, den Bierdeckel mit einem Porträtfoto zu versehen.

Die bunte Papierscheibe mit dem Schaschlikspieß durchbohren.

Den Spieß außen so an der Klorolle befestigen, dass die Spitze einige Zentimeter übersteht. Erst eine Perle, dann die Pappscheibe „auffädeln". Damit die Scheibe nicht herunterfallen kann, wird der Spieß auf der anderen Seite der Pappscheibe mit Klebeband umwickelt .

Jetzt das Kaleidoskop gegen das Licht halten und die Scheibe drehen. Durch das Drehen entstehen Brechungen und Farbeffekte im Innern der Klopapierrolle.

Mosaikspiegel

Material:

alter Spiegel vom Flohmark oder Sperrmüll, Heißklebepistole, Spanholzplatte 1,5x1,0 m, Hammer, Tuch oder Decke

Unter dem Tuch werden die alten Spiegel mit dem Hammer in unterschiedlich große Stücke zerschlagen. Diese Stücke werden wieder zu einem einzigen großen Spiegel auf der Spanplatte zusammen geklebt. Im Anschluss können sich die Kinder darin betrachten.

Achtung! Die Kinder können sich leicht schneiden!

Deformiertes Porträt

Material:

Zeichenpapier, ein Porträtfoto DIN A4 aus einer Zeitschrift, Klebstoff , Buntstifte

Das Porträtfoto wird ein- bis zweimal der Länge nach durchgerissen. Ein Papierstreifen davon wird auf das Zeichenpapier geklebt. Die Aufgabe besteht nun darin, mit Buntstiften das Porträt zeichnerisch zu ergänzen.

TIPP

Interessant ist es auch, die restlichen Papierstreifen an die Kinder zu verteilen mit der Aufgabe, die Gesichter zu vervollständigen. So entstehen aus einem Foto mehrere originelle Gesichter.

Phasenverschiebung bei einem Gesicht, das sich dreht

Material:

Diaprojektor, Wand, weißes Papier, Bleistift, Klebeband

Der Diaprojektor wird mehrere Meter von der Wand auf einen Tisch gestellt und angeschaltet. Nun einen Stuhl vor die Wand stellen, auf welchem ein Kind im Profil Platz nimmt. In der Höhe des Kopfes das Papier mit Klebeband an der Wand befestigen. Nun wirft das Profil seinen Schatten auf das Papier. Der Umriss dieses Schattens wird von einem anderen Kind auf dem Papier festgehalten. Das sitzende Kind wechselt nun seine Sitzposition mehrmals so, dass es schließlich sein Profil von der einen Seite zur anderen Seite gedreht hat. Jede dieser Phasen wird von dem malenden Kind mit Hilfe des Schattenumrisses festgehalten. So entsteht eine sichtbare Phasenverschiebung des Kopfes, welche die Drehbewegung des Kopfes auf dem Papier sichtbar werden lässt. Werden nun die einzelnen Flächen mit Farbe versehen, ist ein kleines kubistisches Werk zu bewundern.

Zweikopfbild

Material:

Zeichenpapier, zwei Porträtfotos DIN A4 aus einer Zeitschrift (Interessant ist es, wenn die beiden Porträts in unterschiedliche Richtungen blicken), Klebstoff, Schere oder eine ruhige Hand zum Reißen

Beide Bilder entweder senkrecht oder waagerecht in 10 bis 15 Streifen reißen oder schneiden. Nun die Streifen so zueinander arrangieren, dass die Porträts jeweils wieder vollständig erscheinen.

Dann kann das Zweikopfbild geklebt werden, indem der erste Streifen des ersten Bildes an den ersten Streifen des zweiten Bildes gelegt wird. Daraufhin folgt der zweite Streifen des ersten Bildes, dann der zweite Streifen des zweiten Bildes und immer so weiter.

Trümmerbild

Material:

Zeichenpapier, ein Porträtfoto DIN A 3 aus einer Zeitschrift, Klebstoff, Schere oder eine ruhige Hand zum Reißen

Das Porträtfoto senkrecht oder waagerecht in 10 bis 15 Streifen reißen oder schneiden. Anschließend werden die Streifen nebeneinander arrangiert, so dass nochmals das Porträt entsteht. Jedoch verschiebt man die einzelnen Streifen zueinander. Nun kann das verzerrte Porträt auf dem Zeichenblock mit Klebstoff fixiert werden. Oder die Kinder können weiter mit diesen Streifen neue Gesichter gestalten, indem sie immer wieder die Streifen gegeneinander bewegen.

Ganzkörpertrümmerbilder

Material:

Großer Bogen Karton, Bleistift, Temprafarbe

Auf dem Boden wird der Karton ausgelegt. Mehrere Kinder dürfen sich nun nacheinander auf die Pappe legen. Während sie auf der Kartonage liegen, wird jeweils einer aus der Gruppe die Umrisse des auf dem Boden liegenden festhalten. Auf diese Art und Weise entstehen zahlreiche sich überschneidende Flächen. Diese Flächen werden anschließend bunt ausgemalt.

Gesichter verändern

Material:

Porträtfotos aus Zeitschriften, Filzstift

Picasso hat sehr häufig in seine Collagen hinein gemalt. Ebenso wie er, sollen die Kinder die Zeitschriftenfotos mit Hilfe des Filzstiftes aus- und anmalen, so dass ein vollkommen neuer Typ entsteht. So können die abgebildeten Gesichter Bärte, Sommersprossen, Augenklappen etc... erhalten.

Collagebilder

Material:

alte Tapeten, Zeitschriften, Buntstifte, Klebstoff, Schere, Papier

Die Aufgabe besteht darin, einen komplexen Bildinhalt (z.B. Darstellung eines Orchesters oder einer Band) durch kleben und malen umzusetzen. Dabei können entweder die Köpfe, die Kleider oder die Musikinstrumente gemalt oder auch geklebt werden.

Kubistische Meditation

Du liegst ganz entspannt auf dem Boden und träumst einen wunderschönen Traum. In diesem Traum erscheint dir die gute Wahrnehmungsfee. Sie hat dir für die Zeit ihrer Anwesenheit vier Dinge zu schenken:

Zuerst bietet sie dir einen zusätzlichen Mund an. Stell dir vor, an welcher Stelle deines Körpers du immer gerne noch etwas schmecken würdest und lass dir von der Fee den Mund an diese Stelle deines Körpers zaubern. Kannst du nun all das schmecken, was du schon immer einmal schmecken wolltest?

Dann bietet die Fee dir zwei zusätzliche Augen an. Überlege genau, an welcher Stelle deines Körpers du am liebsten noch zwei weitere Augen hättest, damit du alles viel genauer sehen und beobachten könntest. Lass dir von der Fee die Augen an diese Stelle deines Körpers zaubern. Kannst du nun das sehen, was du schon immer einmal sehen wolltest?

Jetzt bietet die Fee dir eine weitere Nase an. Überlege genau an welcher Stelle deines Körpers du am liebsten noch eine weitere Nase hättest, damit du alles noch viel intensiver riechen könntest. Lass dir von der Fee die Nase an diese Stelle deines Körpers zaubern. Kannst du alles jetzt noch viel intensiver riechen?

Als Letztes bietet die Fee dir zwei weitere Ohren an. Überlege genau an welcher Stelle deines Körpers dir schon immer Ohren gefehlt haben, um alles genauer hören zu können. Lass dir von der Fee die Ohren an diese Stelle deines Körpers zaubern. Kannst du nun vieles hören was andere Menschen nicht hören können?

Leider darf die Wahrnehmungsfee den Kindern jeden Tag nur für ganz kurze Zeit erscheinen, damit ihr Zauber nicht verloren geht. Sie verabschiedet sich von dir mit einem Lächeln und du wachst aus deinem Traum auf.

Malangebot

Nun können die Kinder ein Bild malen. Wohin haben sie sich die zusätzlichen Ohren, Nasen, Augen und Münder gewünscht? Was konnten sie zusätzlich alles riechen, schmecken, hören und sehen? Statt ein Bild zu malen, können sich die Kinder auch verbal austauschen.

ANGEBOTE ZU GESTALTEN AUS GEOMETRISCHEN FORMEN

Suche ein Gesicht

In dem Wirrwarr von Formen kannst du ein Gesicht entdecken, welches Picasso gemalt haben könnte. Versuche dein Glück und gestalte das Gesicht farbig.

Kopf aus Elementarformen

Bereits im Kapitel „Abstrakte Malerei" wurde unter dem Aspekt Legebilder die Herstellung von Spielmaterial beschrieben. Mit diesen einfach herzustellenden geometrischen Elementarformen können auch Köpfe und Gesichtsausdrücke gelegt werden. So können Kreise, Dreiecke oder Vierecke für die Augen, Nase, Ohren oder Mund eingesetzt werden. Vielleicht ist es auch möglich den Kopf mit Haaren zu versehen.

Phantasiegesicht aus Vierecken und Dreiecken

Material:
Zeichenpapier, Bleistift, Buntstifte

Zwei Kinder stehen sich am Maltisch gegenüber. Vor ihnen liegt ein weißes Papier. Die Kinder malen nun möglichst viele unterschiedlich große, dicke und dünne Vierecke und Dreiecke so auf das Blatt, dass diese sich auch überschneiden. Ist das Papier mit diesen Formen ausgemalt und mit zahlreichen Überschneidungen versehen, beginnt der zweite Schritt der Arbeit. Die Kinder wählen Formen aus, die ein Gesicht assoziieren lassen und malen dieses anschließend gemeinsam aus.

Formen Zuordnungsspiel

Material:

Kopie der Vorlagen, Bild Portrait de Dora Maar (S. 82)

Die einzelnen Formen ausschneiden und entsprechend der Bildvorlage auf S. 82 zusammenfügen. Welche Form gehört wohin?

Björk, Christina; Anderson, Lena Linnea im Garten des Malers, Verlag Bertelsmann, München 1996
Es geht um Claude Monet.

Monet, Claude Der Farbzauberer, Verlag Prestel, München o.J.

Pertler, Cordula Kinder erleben große Maler, Don-Bosco-Verlag, München 1992

Finkenzeller, Michaela Ein Tiger sucht seinen Maler, Domino-Verlag, München 1996
Das Buch beschäftigt sich mit Franz Marc.

Kutschbach, Doris Der Blaue Reiter, Verlag Prestel, München 1996

Marc, Franz Tiere unterm Regenbogen, Verlag Prestel, München 1997

Cappa-Legora, Cristina; Maiotti, Ettore Nachtblau und Zitronengelb, Bertelsmann-Verlag, München 1996

Entgens, Dorothea; Merbold, Kerstin; Bertil, Thomas Rezepte aus Ullas Farblabor, ALS-Verlag, 1995

Heller, Eva Die wahre Geschichte von allen Farben, Lappan-Verlag, 1994

Lionni, Leo Das kleine Blau und das kleine Gelb

Lohf, Sabine Lila Rot und Himmelblau, Ravensburger Verlag

Rau, Tina Kennt ihr Blauland?, Antex-Verlag, Geislingen/Steige

Deicher, Susanne Mondrian, Taschen-Verlag, Köln 1994

Partsch, Susanna Klee, Taschen-Verlag, Köln 1993

Paul Klee Bilder träumen, Verlag Prestel, München 1996

Mink, Janis Miró, Taschen-Verlag, Köln 1993

von Friesen, Astrid Tiere mit anderen Augen sehen, Kinderbuchverlag, Luzern 1993

Was Sie suchen, sind Anregungen, die Kompetenz, Brauchbarkeit und Kreativität in sich vereinen:

KREISEL

Themen und Projekte für die Arbeit mit Kindern

Spiele, Lieder, Erzählungen, Bildnerisches Gestalten, Rollenspiele, Meditation, Malen, Bewegungserziehung, Gedichte, Sachbegegnungen, Feiern, Klanggeschichten, Rezepte, religiöse Erziehung, Elternarbeit und vieles mehr.

Zusätzlich gibt es eine kurze pädagogisch-didaktische Einführung, eine Literatur- und Medienliste zum Thema und vor allem eingestreut "Feuilletons" zu Ihrer Unterhaltung und Information.

KREISEL erscheint alle vier Monate mit einem neuen Thema/Projekt, das von kompetenten Autorinnen und Autoren (wie z.B. Jakobine Wierz, der Autorin dieses Titels) so aufbereitet wurde, dass Sie Anregungen zu nahezu allen Bereichen Ihrer täglichen Arbeit erhalten.

KREISEL können Sie einzeln beziehen oder abonnieren. Das Einzelheft kostet EUR 12,70 (DM 24,84) + Versand. Das Abo kostet für 3 Ausgaben EUR 31,00 (DM 60,63) + Versand.

DreieckVerlag
Postfach
54459 Wiltingen

Telefon:	Fax:	eMail:	Internet:
06501-13385	**06501-13516**	**dreieck.de@t-online.de**	**www.dreieck-verlag.de**

Ökotopia Spiele- und Buchversand

Der Fachversand für umwelt- und spielpädagogische Materialien

Kooperative Spiele, Spiele in Gruppen, Lernspiele, Umweltspiele, Bewegungsspiele, Brettspiele,

Fordern Sie unser kostenloses Versandprogramm an:

Ökotopia Verlag
Hafenweg 26 · D-48155 Münster
Tel.: (02 51) 66 10 35 · Fax: 6 38 52
E-Mail: info@oekotopia-verlag.de
Homepage: http://www.oekotopia-verlag.de

Inseln der Entspannung

Kinder kommen zur Ruhe mit 77 phantasievollen Entspannungsspielen

ISBN: 3-931902-18-8

Voll Sinnen spielen

Wahrnehmungs- und Spielräume für Kinder ab 4 Jahren

ISBN: 3-925169-88-1

Schmusekissen Kissenschlacht

Spiele zum Toben und Entspannen

ISBN: 3-925169-50-4

Auf dem Blocksberg tanzt die Hex'

Spiele, Geschichten und Gestaltungsideen für kleine und große Hexen

ISBN: 3-931902-19-6

Kritzeln-Schnipseln-Klecksen

Erste Erfahrungen mit Farbe, Schere und Papier und lustige Ideen zum Basteln mit Kindern ab 2 Jahren in Spielgruppen, Kindergärten und zu Hause

ISBN: 3-925169-96-2

Hämmern, Tippen, Feuerlöschen

Mit-Spiel-Aktionen, Geschichten, Lieder und Tänze rund um die Berufswelt

ISBN (Buch): 3-931902-69-2
ISBN (CD): 3-931902-70-6

Eltern-Turnen mit den Kleinsten

Anleitungen und Anregungen zur Bewegungsförderung mit Kindern von 1 - 4 Jahren

ISBN: 3-925169-89-X

Wi-Wa-Wunderkiste

Mit dem Rollreifen auf den Krabbelberg – Spiel- und Bewegungsanimation für Kinder ab einem Jahr Mit einfachen Materialien zum Selberbauen

ISBN: 3-925169-85-7

Sonne, Mond und Sternenkinder

Mit der Mondmaus in Spielen, Liedern und Geschichten die Phänomene des Himmels erforschen

ISBN (Buch): 3-931902-71-4
ISBN (CD): 3-931902-72-2

Laß es spuken

Das Gruselbuch zum Mitmachen

ISBN: 3-931902-01-3

Naturnahe Spiel- und Begegnungsräume

Handbuch für Planung und Gestaltung

ISBN : 3-931902-75-7

Mit Kindern in den Wald

Wald-Erlebnis-Handbuch Planung, Organisation und Gestaltung

ISBN: 3-931902-25-0

Mit-Spiel-Lieder und Bücher aus dem Ökotopia Verlag

Hafenweg 26 · D-48155 Münster

Reinhold Pomaska

Gitarrenschule und Kinderlieder

An einem Abend Gitarrenbegleitung lernen

ISBN (Buch incl. CD): 3-931902-10-2

H. E. Höfele - M. Klein

Sanfte Klänge für Eltern und Babys

Musik, Informationen und Anregungen zum Träumen und Spielen

ISBN (Buch + CD): 3-931902-37-4

M. & R. Schneider

Horizonte erweitern

Bewegen, Entspannen und Meditieren mit Jugendlichen

ISBN (Buch + CD): 3-931902-40-4

Monika Schneider

Gymnastik-Spaß für Rücken und Füße

Gymnastikgeschichten und Spiele mit Musik für Kinder ab 5 Jahren

ISBN (Buch incl. CD): 3-931902-03-X
ISBN (Buch incl. MC): 3-931902-04-8

W. Hering

AQUAKA DELLA OMA

88 alte und neue Klatsch- und Klanggeschichten

ISBN (Buch): 3-931902-30-7
ISBN (CD): 3-931902-31-5

Wolfgang Hering

Kinderleichte Kanons

Zum Singen, Spielen, Sprechen und Bewegen

ISBN (Buch incl. CD): 3-925169-90-3
ISBN (nur Buch): 3-925169-91-1
ISBN (MC): 3-925169-92-X

Gisela Mühlenberg

Budenzauber

Spiellieder und Bewegungsspiele für große und kleine Leute

ISBN: 3-925169-41-5
dazu MusiCassette ISBN: 3-925169-63-6

Sabine Hirler

Kinder brauchen Musik, Spiel und Tanz

Bewegt-musikalische Spiele, Lieder und Spielgeschichten für Kinder

ISBN (Buch): 3-931902-28-5
ISBN (CD): 3-931902-29-3

Volker Friebel, Marianne Kunz

Meditative Tänze mit Kindern

In ruhigen und bewegten Tänzen durch den Wandel der Jahreszeiten

ISBN (Buch + CD): 3-931902-52-8

M. Beermann - A. Breucker

Tänze für 1001 Nacht

Geschichten, Aktionen und Gestaltungsideen für 15 Kindertänze ab 4 Jahren

ISBN (Buch incl. CD): 3-925169-82-2
ISBN (nur Buch): 3-925169-86-5
ISBN (nur MC): 3-925169-83-0

Volker Friebel

Mandalareisen mit Kindern

Naturmeditationen, Wahrnehmungsübungen, Fantasiereisen und Malvorlagen

ISBN (Buch incl. CD): 3-931902-32-3

Volker Friebel

Weiße Wolken – Stille Reise

Ruhe und Entspannung für Kinder ab 4 Jahren.
Mit vielen Geschichten, Übungen und Musik

ISBN (Buch incl. CD): 3-925169-95-4

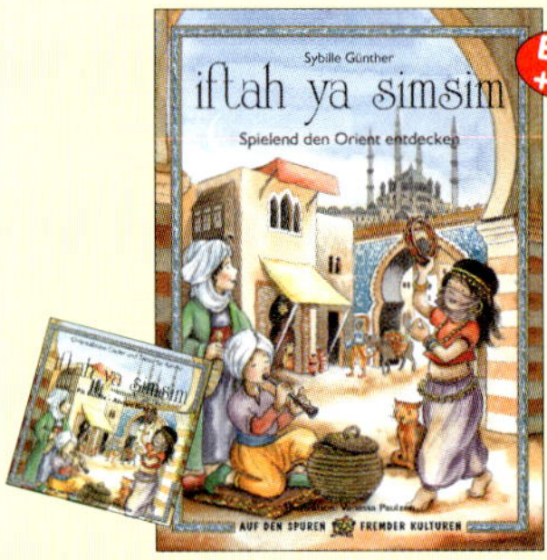

Sybille Günther

iftah ya simsim

Spielend den Orient entdecken

ISBN (Buch): 3-931902-46-3
ISBN (CD): 3-931902-47-1

Gudrun Schreiber - Chen Xuan

Zhongguo ...ab durch die Mitte

Spielend China entdecken

ISBN: 3-931902-39-0

H.E.Höfele - S. Steffe

Der wilde Wilde Westen

Kinder spielen Abenteurer und Pioniere

ISBN: 3-931902-35-8 (Buch)

Wilde Westernlieder und Geschichten

ISBN: 3-931902-36-6 (CD)

Kinder spielen Geschichte

Im KIGA, Hort, Grundschule, Orientierungsstufe, offene Kindergruppen, bei Festen und Spielnachmittagen

Die erfolgreiche Reihe aus dem Ökotopia Verlag

G. + F. Baumann

Mit Mammut nach Neandertal

Kinder spielen Steinzeit

ISBN: 3-925169-81-4

G. + F. Baumann

ALEA IACTA EST

Kinder spielen Römer

ISBN: 3-9321902-24-2

Floerke + Schön

Markt, Musik und Mummenschanz

Stadtleben im Mittelalter

Das Mitmach-Buch zum Tanzen, Singen, Spielen, Schmökern, Basteln & Kochen

ISBN (Buch): 3-931902-43-9
ISBN (CD): 3-931902-44-7

B. Schön

Wild und verwegen übers Meer

Kinder spielen Seefahrer und Piraten

ISBN (Buch): 3-931902-05-6
ISBN (CD): 3-931902-08-0

P. Budde + J. Kronfli

Fliegende Feder

Indianische Kultur in Spielen, Liedern, Tänzen und Geschichten

Box incl. CD	3-931902-26-9
CD	3-931902-23-4
Indianerpuppe Avyleni	3-931902-27-7

Hoffmann - Pieper

Das große Spectaculum

Kinder spielen Mittelalter

ISBN: 3-925169-78-4

Auf den Spuren fremder Kulturen

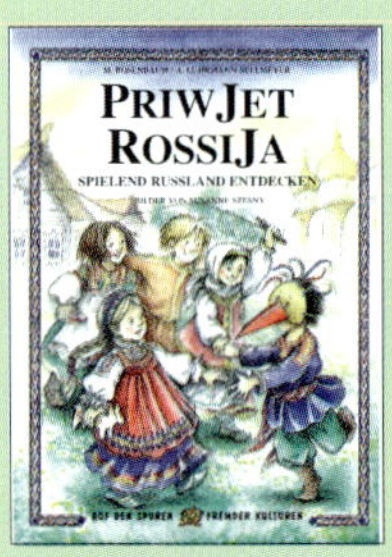

M. Rosenbaum - A. Lührmann-Sellmeyer

PRIWJET ROSSIJA

Spielend Rußland entdecken

ISBN: 3-931902-33-1

G. Schreiber – P. Heilmann

Karibuni Watoto

Spielend Afrika entdecken

ISBN (Buch): 3-931902-11-0
ISBN (CD): 3-931902-12-9

Miriam Schultze

Sag mir wo der Pfeffer wächst

Spielend fremde Völker entdecken

Eine ethnologische Erlebnisreise für Kinder

ISBN: 3-931902-15-3